JN409032

나는 행복하다

나는 행복하다

초판 1쇄 발행 2008년 12월 15일
수정 1쇄 발행 2009년 4월 25일

지은이 I 강태홍
펴낸이 I 김태봉
펴낸곳 I 한솜미디어
등 록 I 제5-213호

편 집 I 김주영, 김미란, 박창서
마케팅 I 김영길, 김명준
홍 보 I 장승윤

주소 I (우143-200) 서울시 광진구 구의동 243-22
전화 I (02)454-0492
팩스 I (02)454-0493
이메일 hansom@hansom.co.kr
홈페이지 www.hansom.co.kr

값 8,000원
ISBN 978-89-5959-179-4 (03810)

*잘못 만들어진 책은 구입하신 서점에서 친절하게 바꿔드립니다

나는 행복하다

강태홍 수필집

| 들어가는 말 |

어느 날 생사의 갈림길에서 방황하고 있을 때, 내가 지금 이 세상에서 사라진다면 나의 존재는 금세 잊혀질 것 같았습니다. 사람들은 하루하루 바쁘게 살아갈 텐데, 과연 누가 날 기억해 줄 것인가?

그래서 나를 아는 사람들이 오래 기억해 주기를 바라는 마음에 욕심이 났습니다. 내 존재가 사회에 영향을 미칠 만한 존재로 살아온 것도 아니련만…. 자식들이라도 기억해 주기를 바랐습니다.

뒤늦게라도 나의 흔적을 남겨야겠다는 생각에 글쓰기를 시작하게 되었습니다. 나만이 겪은 삶, 지난날 그 기억의 파편들을 모아 오랜 투병으로 힘들었을 때 받은 사랑을 되돌려주고, 제2의 삶을 살아가게 한 하나님에게 영광을 드리고 싶었습니다. 가끔은 욕심인 것 같아 흔들렸으나, 세상에는 나와 똑같은 사람은 없고 생김이 다르듯 각기 살아온 길도 다르고 생각도 다르기에 나만의 색깔을 드러내는 것으로 만족하기로 생각을 바꾸었습니다.

내면의 성찰과 끊임없는 사고로 사색적인 글을 쓰고 싶었지만 마음처럼 잘되지 않았습니다. 벌써 땅거미가 내려앉는 늦은 시간이 되고 보니 마음만 바쁠 뿐이었습니다.

내 글이 만족스럽지 않아 흔들리는 것을 아들과 며느리가 알아차리고 출판을 해 주겠다고 나섰습니다. 그 고마움에 선뜻 응했습니다. 이제까지 책을 받아만 보았는데 내 손으로 글을 엮어 책을 만들고 보니 막연히 품었던 꿈이 이루어져 마음이 설렙니다.

사랑으로 지도해 주신 오창익 교수님, 언제나 과분한 신뢰와 사랑을 주시는 사랑의 교회 호스피스 박 목사님 감사합니다. 그리고 항상 용기를 불어넣어 준 문우들이 있어 큰 힘이 되었습니다. 퇴고하는 동안 바쁜 것을 알아차리고 집안일을 해준 남편에게 고마움을 전합니다. 이 책이 세상에 나오기까지 애써 주신 모든 분들의 수고와 격려에 감사합니다.

찬송과 영광을 하나님께 돌립니다.

2008년 11월

姜泰弘

| 서평 |

삶과 문학, 그 동화同化 속의 행복론

— 강태홍의 수필 세계 —

손자의 까르르 웃는 소리에도 행복을 느낀다 했다. 아침에 지저귀는 새소리에 잠을 깰 때도 그러하고, 사랑하는 가족을 위해 아침밥을 짓고, 또 맛있게 먹어 줄 때에도 행복하다고 했다. 뿐 아니라, 이른 봄, 언 땅을 헤집고 나온 새싹을 볼 때나 외국에 사는 형제들의 전화 목소리를 확인할 때에도 그는 행복하다고 했다.

이렇듯 《나는 행복하다》의 저자 강태홍은 진정 행복한 문인이다. 일상의 삶 속에서 행복을 '찾고', 몸소 쓰는 작품 속에서 행복을 '빚는' 성실한 생활인이요, 창작하는 예인藝人이기 때문이다.

그는 행복을 멀리에서 찾지 않는다. 가까이에서, 아주 가까운 자기 삶 속에서 스스로 헤아린다. 주어진 현실을 긍정적으로 수용하고, 그를 인간적으로 이해하고, 더 나아가 개성적으로 의미부여를 함으로써 나름의 행복을 창조하고 생활화한다.

"내가 선택한 것을 긍정적으로 받아들일 때에만 기쁨을 느낄 수 있다. 교통이 나쁘고 쓰레기 태우는 악취가 나도 내가 선택한 현실을 받아들이니 오히려 마음 편하고 행복하다.〈행복의 조건〉" 라고 한 고백은 우연이 아니다.

또한 "잠시 왔다 가는 봄이 아쉽지만, 날아가 버리는 파랑새를 찾아가듯 먼 곳에서 행복을 찾으려던 나였는데, 내 곁에, 내 마음속의 향기를 내가 맡는다. 언제나 내 가까이에서 행복이 피어나고 있다. 〈행복은 가까이에서〉" 라 했으니 그의 행복은 곧 그의 현실이며 생활이며 문학이다.

창조, 생산하는 그의 문학 행복론, 그 구성적 특성을 요약하면 다음 넷으로의 구분이 가능하다.

그 첫째는, 기다리는 삶 속의 행복이다.

작자는, 기다림으로 시작하여 기다림으로 끝나는 것이 인생이라 했다. 또한 그 기다림은 영원한 그리움이며 사랑이며 행복이라고, 작품〈기다림〉에서 토로한다. 예의 그 작품에서 그는 1) 지금은 주말마다 손자 기다리는 재미에 살고, 2) 나를 기다리며 사는 친정어머니를 생각하며(기다리며) 살고, 3) 6 · 25 때는 외가로 피난 간 어머니를 기다리며 살았다고 했다.

또한 〈지금, 그 아이들은〉이란 작품에선 반세기 전에 담임했던 어린아이들, 즉 순희, 영희, 진수, 영철이가 어디서 어떻게 살아가고 있을까, 그 소식이 궁금하여 그들을 생각하며 산다고 했다.

이렇듯 '기다림'은 그의 위안이며 희망이며 문학, 곧 수필이었다.

그 둘째는, 마음과 손길을 남에게 베푸는 삶 속의 행복이다.

작자는 봉사, 즉 남에게 베푸는 일이란 고통으로 일군 자기 밭에 풋풋하게 자라는 곡식과도 같다는 생각을 한다. 고통을 겪어 본 사람만이 남의 고통을 알고, 병도 앓아 본 사람만이 남의 아픔을 헤아린다는 경험론이다.

작자는 한때, 암으로 깊고도 험한 고생을 했다. 직장암 수술 후 회복되기도 전에 장암으로 재발하여 삶과 죽음의 갈림길에까지 간다.

그러나 인내와 기도, 끊임없는 약물치료로 마침내 암을 극복, 완치에 이른다. 회복은 축복이고 뜨거운 감사였다. 하여 그는 보답하는 마음으로 투병하는 환자들을 찾아 나선다. "봉사란 상대만을 위한 것이 아니다. 내가 받는 기쁨과 사랑, 자족하는 마음이 감사로 이어지기에 환자를 찾는다.〈내 안의 보배〉"라고, 도움의 손길을 편다. 경험의 소재화요 작품에의 자기화다. 하여, 다음과 같은 행복론으로 이어진다. "봄부터 땅을 갈고 거름을 주어 씨를 뿌려 정성껏 가꾼 푸성귀, 자라나는 것이 기쁘지만 더욱 즐거운 것은 이웃에게 나누어 주는 데 보람을 느낀다. 작은 것을 베풀 수 있는 오늘이 있어 행복하다. 〈6월에는〉" 라고.

그 셋째는, 자연 친화의 삶, 그 속에서의 행복이다.

작자는 〈산은 사라지는가〉라는 작품에서 1) 재산세도 내지 않는 뒷산이 공으로 있어 행복하다 했다. 2) 또한 아침마다 맑은 새소리를 그냥 듣고 3) 알밤도 무상으로 그냥 주워서 부자인 듯 흐뭇하다 했다. 자연친화 속의 행복, 아낌없는 자연에의 자기 동화同化다.

주어진 대상에의 자기 동화란 물아일체物我一體의 동질화 현상이다. 이는 내가 물이 되고, 물이 내가 된다는 물심일여物心一如의 상태로서, 철저하게 나를 먼저 소재 앞에 비움으로써만 가능한 창작 기법이다.

하여, 작자는 "나는 아침의 붉고 힘차게 떠오르는 태양을 보며 감격하기도 하고, 땅에 발을 딛는 날이 꿈인 듯 황홀하여 몸을 낮춰 땅에 입 맞추고 싶었다.〈아름다운 축복〉" 라고 삶 속의 행복을, 자연 친화에의 동화 작용으로 자기화한다.

또 있다. "나의 밭은 언제나 꿈과 기대에 부푼 공간이 된다. 채소들이 쑥쑥 자라면 흐뭇하고 스스로 대견스럽다. 거기에는 싱싱한 웃음 같은 채소들이 이슬에 영롱하다. 햇빛이 밝았고, 푸른 생명들이 내 손을 기다린다. 가만히 보고 있으면 모든 시름이 잊혀지고 무아지경에 이른다. 〈나의 텃밭〉" 라고 자연 친화 속에서의 소박한 행복론을 편다.

끝으로 그 넷째는, 기도하는 삶 속에서의 행복이다.

앞에서도 밝혔듯이 작자는 한때 중병, 중환자의 시절이 있었다. 거듭된 수술 끝에 더는 메스를 대지 못할 지경까지 이른다. 의사도 포기하자고 시선을 돌린다. 그러나 작자는 좌절하지 않고 이길 수 있다는 강한 믿음으로 기도한다. "사랑이 머리로 오지 않듯 믿음 또한 마음으로 꽂히는 확신이다" 라고 자신하며 수술을 결심한다.

마침내 성공. 그는 기도로 승리한다. 믿음으로 암을 정복한다.

하여, "믿음으로 간절히 원하던 것을 이루었다. 이제 응급실을 드나들지 않아도 되었으니 행복한 삶이다. 소중한 것을 얻고 새로운 삶이 시작된 것이다. 나의 마음에 믿음을 심어 준 이는 누구였을까. 그는 바로 하나님, 내 기도의 주인이시다. 아, 하나님이시여, 나의 신이시여 감사합니다. 〈승리로 이끈 믿음〉" 라고 기도하는 삶 속에서 행복을 만끽한다.

오창익(文學博士. 창작수필 발행인)

| 목차 |

호기심을 좇아

내 안의 보배

나는 행복하다

기다림

기다림

나에게 일요일은 기다림이 끝나는 날이다.

월요일부터 토요일은 몽땅 기다림의 날이지만 일요일은 만남의 날이다. 서둘러 장을 보고 손자 녀석이 좋아할 음식을 장만하는 동안, 내 마음은 한껏 부풀어 오른다. 눈웃음을 흘리는 재롱둥이 손녀와 일주일 사이 훌쩍 컸을 의젓한 손자가 나를 보러 올 것이다. 이미 며칠 전에 사두었던 장난감을 받으면 좋아할 녀석의 모습을 떠올린다. 이렇듯 흐뭇하고 설레는 기다림이 성취되는 날이 일요일이다.

6·25 한국전쟁이 났을 때의 일이다. 날마다 피난민의 행렬이 계속되었고 폭격은 날로 심해져만 가니 민심은 흉흉해졌다. 서울이 거의 비어 갈 무렵 우리 가족도 더는 버티지 못하고 피난길에 올랐다. 할머니의 집은 이십여 일을 걸어야 하는 길이었다. 그때 어머니

는 발바닥이 부르터서 걷기 어렵다고 하셨지만 나는 끄떡없이 잘도 걸었다. 이미 할머니 집에는 서울에서 내려온 작은아버지네 식구들이 와 있었다. 갑자기 많은 식구로 식량은 동나고 1·4 후퇴로 우리 가족은 더 멀리 피난을 가야 했다.

아버지는 더 남쪽으로 길을 떠나셨고, 어머니는 양손에 동생들 손만 잡고 할머니 말씀 잘 듣고 있으라는 말만 남기고 외가로 가셨다. 어찌 된 일인지, 나만 두고 떠나는 엄마를 부르거나 울지도 않았다. 나는 하염없이 서서 엄마가 사라진 쪽을 바라보고 있었다. '엄마' 하고 소리치면서 따라가고 싶었지만, 맏딸인 내가 그러면 안 될 것 같아서 그 마음을 억눌렀다. 아홉 살짜리에겐 엄마가 전부였을 텐데도 말이다. 날이 갈수록 엄마가 더 보고 싶어졌다. 하지만, 할머니 앞에서는 눈물을 보이는 일은 한 번도 없었다. 눈물을 보이면 할머니 마음이 아플 것 같았다. 엄마를 원망하거나 탓하는 기색을 보이지 않으려 애를 썼다. 할머니는 그런 손녀가 측은했던지 힘이 부칠 만큼 커다란 나를 업고서 멀리 떨어진 동네 잔칫집에 가기도 했다.

봄이 되자 아지랑이 아롱대는 들에 나물 캐러 갔다. 아니, 그리움을 좇아서 엄마 생각에 젖으러 갔다. 날마다 집에서 더 멀리멀리 나갔다. 바구니에는 봄나물이 자꾸 쌓여 갔다. "그 많은 나물을 다

뭐 하니?" 이웃집 아주머니가 물었다. 나는 나물로 무엇을 하는지도 모른다. 그저 엄마의 그림자를 따라갈 뿐이었다. 그럴 때, 들에는 엄마의 치맛자락이 자꾸만 얼비쳤다.

겨울이 왔다. 행랑채의 아낙들은 선하고 바지런했다. 그들은 버선을 깁거나 뜨개질로 손이 쉬지 않았다. 방 안의 등잔불빛은 몽환적이었다. 이따금 자지러지게 웃기도 하며, 어떤 때는 고구마를 삶아 동치미국물과 함께 먹기도 했다. 나는 따뜻한 행랑채에서 아주머니들의 이야기를 듣는 것이 좋았다. 생전 처음 듣는 재미있는 옛날이야기며 사람들이 살아가는 이야기를 듣는 동안 나는 훌쩍 크고 성숙해져 갔다.

옆에 앉은 한 아주머니는 뜨개질을 잘했다. 늘 뜨개질이 하고 싶었던 나는 그 아주머니가 뜨던 것을 자리에 놓고 일어나자마자 뜨개질 감을 얼른 집어 들었다. 장갑을 뜨던 것이라 자신이 있었다. 이미 고모의 뜨개질 솜씨를 어깨너머 배운 터라서 나도 곧잘 했다. 고모는 장갑보다 더 어렵고 복잡한 무늬도 멋지게 짜 넣으시는 분이셨는데, 나는 고모가 이 세상에서 뜨개질을 제일 잘한다고 여기고 있었다. 행랑채의 뜨개질은 그에 비하면 고작 벙어리장갑을 뜨는 정도였으니 나에게는 아주 쉬운 일이다. 목화송이에서 물레로 짠 실이지만 나는 맵시 좋게 다섯 손가락이 있는 장갑을 떴다. 벙어리

장갑밖에 뜰 줄 몰랐던 아주머니는 '어린것이…' 라며 신기하다는 듯 내 얼굴을 들여다보았다. 그리고 "한 쪽도 마저 뜨렴" 하시는 것이었다.

나는 신이 나서 밤잠도 설치며 뜨개질을 했다. 다 뜬 장갑을 살펴보고 손에 끼어 보던 아주머니는 한 켤레 더 떠 달라고 했다. 꽤 마음에 든 모양이었다.

주문받은 장갑은 아주머니네 아이들 것이었다. 내 또래 아이들이 얼음판에서 팽이치기하고 썰매를 탈 때, 난 밤낮없이 뜨개질만 하다 보니 한 켤레의 장갑은 하루 만에 다 뜨게 되었다. 동네 아주머니들이 너도나도 떠 달라고 했다. 그리고 한 켤레를 다 떠서 완성하면 쌀을 한 되씩 주었다. 나는 그 쌀이 생활에 얼마나 도움이 되었는지 몰랐다. 그냥 주는 대로 받아서 할머니에게 건네주었을 뿐이다. 아마 긴 겨울 동안 할머니와 나의 소중한 양식이 되었을 것이다.

검지 손톱 밑이 패이고 아팠지만, 보지 않고도 코를 빠뜨리는 일 없이 능숙하게 예쁜 장갑을 뜨고 또 떴다. 한석봉의 어머니가 눈을 감고 떡을 썰었듯 나 또한 반복해서 장갑을 뜨는 손이 기계적이었다. 뜨개질을 한 코 한 코 뜨는 동안 나를 두고 떠난 엄마를 원망하는 마음이 잠재워졌고, 내 얼굴을 보고 사람들은 엄마 얼굴을 닮지 않았다고 했던 말도 아무렇지 않게 여겨졌다.

그렇게 그해 겨울이 지났을 때, 엄마는 소리 없이 내 앞에 나타나셨다. 그토록 그리워했건만, 나는 엄마를 보는 순간 몸을 돌려 피해 버렸다. 나를 안으려고 벌린 엄마의 두 팔이 힘없이 떨어졌다.

"오늘도 나가냐? 일주일을 못 보았다." 원망 섞인 목소리가 전화기로 울려온다. "아니, 엊그제 가 뵈었는데요?" 하니 "으응 그래, 참 떡 사가지고 왔지" 하며 겸연쩍어하시는 어머니. 이제는 온종일 나만 기다리시는 어머니다. 내가 어린 시절 엄마를 기다렸던 시간만큼이나 긴 시간인가 보다. 온종일 창 밖을 바라보며 어머니는 쉽게 오지 않을 미국에 있는 아들을 기다린다. 또 곁에 사는 맏딸인 나를 기다리기도 하실 테지…. 내가 어머니만큼 늙으면 나는 누구를 기다릴까. 나에겐 딸이 없으니 아마 며느리를 기다릴 것이다.

인생은 늘 누군가를 그리워하며 참고 기다리며 살아간다는 걸 깨닫는다. 나 또한 주말이면 자식들과 손자들을 기다리는 일이 내 삶인 것을…. 기다림으로 시작해서 기다림으로 끝나는 것이 인생인가보다. 기다림은 영원한 그리움과 사랑이다.

나의 텃밭

꿈에 그리던 전원주택으로 이사했다. 노랫말처럼 '저 푸른 초원 위의 그림 같은 집' 은 아니지만, 그런대로 넓은 마당이 있는 하얀 이층집이다. 나는 집보다 마당에 마음이 더 갔다. 내가 전원주택을 꿈에 그렸던 것은 '봄이면 씨앗 뿌려 여름이면 꽃이 피네. 가을이면 풍년 들어 겨울이면 행복했네' 처럼 텃밭을 가꾸며 살고 싶었기 때문이었다. 텃밭이 없는 전원생활은 무의미하다고 여겼다. 그래서 가장 먼저 한 일이 텃밭을 만드는 일이었다.

하지만 남편은 텃밭보다는 넓고 파란 잔디가 있는 뜰을 원했다. 땅이 넓으면 각자 자기가 하고 싶은 대로 하겠지만, 공간은 작고 또한 마당에 작물을 심는 것을 싫어하니 할 수 없이 시선이 가지 않는 구석진 곳에 땅을 파고 텃밭을 만들었다. 그러나 막상 땅을 파고 보니, 뒤곁의 손바닥만한 땅은 오후가 되면 그늘이 드리워져서 식물이 자랄 수 있을지 염려가 되었다. 나는 야금야금 지경을 넓혀

모퉁이마다, 옆쪽까지 모든 곳에 삽을 꽂았다. 그렇게 터를 넓혀서 만들었어도 대여섯 평밖에는 안 된다. 그래도 그게 어디냐고 봄이면 땅과 씨름한다. 그래서 한가할 틈이 없다.

씨를 뿌릴 때를 기다리고 기다려 상추와 쑥갓 그리고 아욱 씨를 뿌린 것은 사월 초순이다. 그리고 날마다 맨송맨송한 밭을 바라보며 새싹이 나올 날을 고대한다. 너무 깊게 묻은 것은 아닐까, 제대로 흙을 덮지 않아, 아니면 돌멩이에 걸려 뿌리를 내리지 못한 건 아닐까, 바람이 불어 흙먼지에 휩쓸려 날아가 버린 건 아닐까, 난생처음 땅을 일구고 씨를 뿌린 나는 애가 탔다. 혹여 잘못될까 노심초사다.

조급함을 억누른 며칠 후, 씨앗은 소리 없이 흙을 헤치고 모습을 드러냈다. 드디어 싹이 나온 것이다. 그 싹에 입맞춤하고픈 마음에 손을 가까이 댔다. 여린 싹이야 완전한 모습을 갖추지는 못했지만, 형체를 드러냈다는 사실만으로도 신기하고 신비하다. 사람의 얼굴이 다 다르듯 초록식물의 모양도 제각각이다. 생명은 희망이다. 생명을 바라보는 즐거움에 시간 가는 줄도 몰랐다. 궁금증과 보고픈 마음에 늘 밭에 붙들렸다.

고추와 가지 모종을 심었다. 오이는 넝쿨을 올릴 지주를 세우고 구덩이를 파고 거름을 넉넉히 넣은 다음 호박을 심었다. 조심스레 물을 주며 날마다 손으로 키를 잰다. 씨앗을 뿌려 싹을 틔울 때와는 또 다른 경험이다. 실 같은 줄기가 지주를 타고 오른다. 손가락 같은 작은 오이가 밤새 두 뼘이나 자랐다. 고춧대에 하얀 꽃이 다닥다닥 붙었다. 꽃이 진 자리마다 파란 고추가 조롱조롱 매달린다. 무슨 힘일까, 밤새 누군가가 요술을 부린 것 같다. 창문을 열면 신선한 아침공기와 함께 햇빛에 반짝거리는 채소들이 해맑다. 그것들이 자라는 것을 보면 신비롭다.

언제 나오려나, 조급해했던 새싹은 금세 자라서 텃밭은 초만원이다. 빽빽하게 자란 채소들을 솎아 내야겠지만 아깝기도 하고 다른데 심자니 그럴만한 공간이 없다.

처음 수확하던 날 열무, 상추와 쑥갓, 오이를 땄다. 야들야들한 초록빛이 손에 물들 것 같다. 정성을 들여 기른 채소를 싸들고 제일 먼저 친정어머니한테 갔다. 어머니는 해맑은 채소를 보고는 "네가 길렀니? 어쩜!" 하고 감탄하신다. 쌈을 싸서 입에 넣어 드렸다.

또 화수분처럼 나는 상추로 아들네, 문우들, 내 집에 오고 싶어 하는 친구들을 불러 삼겹살 파티를 했다. 돌아가는 길에는 으레 한 줌씩 들려 보내기까지 한다. 좁은 텃밭에서 어찌 그리 많이 나는지 신기하기만 하다. 무공해 채소를 나눌 수 있음이 좋고, 받는 마음 못지않게 주는 사람의 마음이 흐뭇하고 보람 있어서 좋다. 그렇지만, 늘 더 많이 나눌 수 없음이 아쉽다.

그렇게 몇 년이 지나는 동안, 언제나 좀 더 넓은 텃밭을 가졌으면 하는 아쉬움이 있었다. 그런 마음은 나만이 아니었던지, 그동안 무심히 지나쳤던 공지에 사람들이 하나둘씩 모여들어 땅을 파고 돌을 고르고 하여 제법 근사한 밭을 만들고 있었다. 대문을 열고 나서면 바로 앞에 있는 양지바른 땅이라 욕심이 났다. 비록 자기 땅은 아니지만, 부지런히 정지하면 세금 한 푼 내지 않는 내 밭을 만들 수 있다니, 어린 시절에 저녁 늦게까지 매달렸던 땅따먹기놀이인 셈이다. 며칠을 지켜보다 용기를 내어 넓은 땅을 차지했다. 봄바람은 흙먼지를 일구고 지나간다. 가쁜 숨을 쉬면서 며칠을 땀 흘린 덕분에 제법 넓은 밭이 만들어졌다. 힘들었던 만큼 뿌듯한 기쁨이었다. 퇴비를 넣고 비료도 넉넉하게 뿌리고 흙은 보드랍게 부순다. 그제야 좁은 텃밭으로 인한 갈증이 해소된 듯했다.

그러나 씨앗이라는 것이 수십 종이 넘는다. 이토록 헤아릴 수 없는 종류의 씨앗이 있다니…. 뿌릴 씨앗의 수가 늘어나자 밭도 함께 늘어났다. 그렇게 늘어난 밭은 혼자 하기에 벅차졌다. 그래도 씨만 생기면 이게 어디냐 싶게 여기저기에 땅을 헤치고 뿌렸다. 푸른 생명의 향연, 봄의 축제를 머릿속에 그려 보면 어느덧 땅거미가 진다. 밭에서 있는 시간이 길어져 갈수록 허리는 굳어져 갔다.

추운 겨울을 끄떡없이 잘 견딘 파, 봄이 되어 제일 먼저 올라온 열무, 파란 완두콩의 청순한 모습, 총각처럼 싱싱한 고추, 키가 훤칠한 옥수수, 널찍한 잎의 호박이 넝쿨을 지어 사방으로 뻗는다. 계절마다 텃밭은 변한다. 봄 채소와 강낭콩, 완두콩이 다 자라 열매를 맺고 나면 그 자리에 배추, 무씨를 뿌린다. 김장에 쓰일 쪽파도 심고 갓 씨도 뿌린다. 나의 밭은 언제나 꿈과 기대에 부푼 공간이 된다. 채소들이 쑥쑥 자라면 흐뭇하고 스스로 대견스럽다. 거기에는 싱싱한 웃음 같은 채소들이 이슬에 영롱하다. 언제나 햇빛이 밝았고 푸른 생명이 내 손을 기다린다. 가만히 보고 있으면 모든 시름이 잊혀지고 무아지경에 이른다.

그러나 기대도 잠시뿐 어느 가을 아침 갑자기 내린 서리는 금세 폐허로 만들고 말았다. 어제까지 싱싱했던 토마토, 가지, 고추, 호박 잎이 소금에 절인 듯 주저앉고 말았다. 텅 빈 밭에 남은 것은 쓸쓸한 허무뿐이었다.

긴 겨울 동안, 봄을 기다리는 마음은 어느덧 싸두었던 씨앗 봉지를 꺼내 방바닥에 차례대로 늘어놓는 일이다. 마치 진짜 밭이기나 한 것처럼 심을 곳에 하나하나 씨앗봉투를 놓아 본다. 그리고 새로 얻어 온 땅콩과 동부와 파씨, 이웃에 나누어 준 채소, 고구마, 김장 배추, 무 이야기로 겨울의 긴 밤을 보내기도 한다. 아직도 봄이 오려면 기다려야 한다. 그런데 자꾸 창 너머 밭에 마음이 가 있다. 올해는 친구가 심으라고 준 토란과 더덕들로 밭의 식구들이 늘어날 것이다. 넓은 밭에 기대와 꿈이 가득하다.

그런데 어느 봄날 느닷없이 텃밭에는 '경작 금지' 라는 푯말과 함께 철망이 쳐졌다. 단내가 나도록 땀 흘려 애써 일군 밭이었는데, 귀중한 보물을 잃은 듯하여 여간 서운한 게 아니다. 하긴 내 땅도 아니련만 으레 내 것인 양 봄이 되면 씨 뿌리고 심는 일로 가슴 설렜다. 예고 없이 주인이 나타나 갈아엎을지 모른다는 생각을 한 번도 하지 않았다는 것이 이상했다. 거름도 작년보다 넉넉하게 준비했는데 기다리던 봄은 돌아왔지만, 씨를 뿌릴 텃밭이 없어졌다. 갖고 있을 때보다 잃고 나니 못내 아쉽고 허전하다. 발걸음은 자꾸 밭의 철조망 앞에 멈추게 된다. 봉지에 넣어둔 씨앗을 전부 꺼냈다. 이제 쓸모없는 종자들이다. 겨울 동안 꿈에 부푼 씨앗이라 아까웠지만 어쩌랴, 바람 부는 날 철망을 친 밭에다 날려 버렸다. 씨앗 한 알이라도 땅에 떨어져 생명이 이어지기를 바라면서. 그리고 한참을 넋 잃고 서 있었다.

겨우내 꿈꾸었던 것들이 사라지자 허망했다. 이제 무엇으로 공허를 채울까. 스스로 위로하지만 허망한 마음은 두고두고 가시지 않는다. 순간 이대로 주저앉을 수 없겠다 싶어, 집 주위를 빙빙 돌면서 씨앗 뿌릴 만한 곳을 살폈다. 아! 공터다. 신대륙을 발견한 것 같이 반가웠다. 씨앗이 아직 남아 있는 것도 여간 다행한 일이 아니다. 어찌 포기하랴. 봄의 끝 자락이지만 서둘러 돌멩이를 골라 버리고 부지런히 곡괭이로 땅을 일구어 조그만 밭을 만들었다. 어깨에 힘이 들어가고 마음이 부푼다. 새로 만든 텃밭에 다시 꿈을 일군다. 다들 힘들다고 말리는 농사일이 내게는 무엇보다 즐거우니 알 수 없는 일이다. 그것은 생명이 있는 것들에 대한 신비감과 뿌린 대로 거두는 정직한 땅과의 사랑 때문이다.

행복의 조건

‘사는 곳이 그 사람을 말해 줍니다.’

숲으로 둘러싸인 집을 사진으로 보여 주면서 내놓은 광고의 문구이다. 얼마나 많은 사람이 집에 애착을 가졌으면 이런 광고가 다 나왔을까? 대부분 사람은 처음 만났을 때 어디에 사느냐고 묻는다. 사는 지역에 따라 집의 크기가 부를 상징하는 척도이기 때문이다. 그래서 때론 자신의 형편에 맞지 않는 큰 집을 소유하는 경우도 있고, 집이 재산증식의 수단이 되기도 한다.

처음 미국에 갔을 때였다. 동생이 사는 곳은 넓은 정원에 푸른 잔디가 깔렸고 수영장이 있는 성곽 같은 집들이 있는 동네였다. 하얀 토끼가 숨바꼭질하듯 뛰어다니고 나무 위를 오르내리는 다람쥐를 바라보면 여기가 낙원인가 싶었다. 빵 조각을 던져 주면 다람쥐 떼가 삽시간에 모여들었다. 입을 달싹거리며 먹는 걸 지켜보면 시간 가는 줄을 모른다. 아침이면 동네 한 바퀴를 돌았다. 담장이 없는데다가 곱게 가꾸어 놓은 예쁜 정원을 보기 위해서다. 능선을 이룬 넓은 정원에 각종 꽃이 아름답게 피어 있다. 꽃들이 피어 있는 나무들 밑에 작은 꽃을 둥글게 심어놓은 모습을 한참을 서서 바라보면서 나는 결심을 했다. 돌아가면 꼭 아파트에서 탈출해야겠다고 단단히 다짐했다.

그래서일까, 서울로 돌아와서 보니 나의 아파트는 공중에 떠 있는 성냥갑 같았고 더욱 삭막하게만 느껴져 벗어나고 싶었다. 하루쯤 집안에 있는 것은 그럭저럭 참을 수 있지만, 이틀이 지나고 나서부터는 더욱 답답해서 견딜 수 없었다. 아파트에 사는 여인들이 집안에만 있지 못하는 까닭을 알 만했다.

처음 아파트로 이사 올 때만 해도 얼마나 좋았던가. 연탄에서 해방된 기쁨과 편리한 입식 부엌. 그중 가장 반한 것은 밤낮으로 쏟아지는 뜨거운 물이었는데….

생활의 여유가 생길수록 사람들은 더 좋고 큰 집을 갖고 싶어 한다. 나도 새집에 초대받으면 욕심이 생겨 더 좋고 큰 집으로 이사할 궁리를 하게 된다. 남편은 어디에 살든 그 자리에 만족하고 떠나려 하지 않는 데 반해, 나의 마음속엔 늘 이사를 꿈꾸고 있어서 우리 부부는 매번 승강이를 벌이게 되었다. 봄이면 늘 부나비가 되어 떠다니는 꿈을 꾸며 푸른 대자연의 전원생활을 그리곤 하지만, 아이들의 학교문제로 단념하곤 했었다. 드디어 시간이 흘러 아이들이 장성하고 남편이 퇴직하게 되자 나는 동서남북을 두루 다니며 새로운 터를 찾아 나섰다. 병원이 가깝고 서울을 드나드는 일이 쉬운 서울 근교에 자리를 잡게 되었다.

하지만, 구입한 땅에 집을 짓는 것도 여의치 않았다. 수많은 자재는 가격도 천차만별이었고, 인부들의 솜씨도 각양각색이었다. 기대를 줄이고 양보해서 있는 돈에 맞추어 집을 짓는 동안 남편과 불화가 끊임없이 이어졌다. 아마 평생 다툴 것을 다 다툰 듯했다. 그러나 그렇게 힘든 과정 속에 지어진 집은 내가 꿈꾸었던 것과는 거리가 멀었고, 이사를 접고 싶을 정도였으나 어쩔 수 없는 일이었다. 그렇게 애써 힘들게 지은 집이니….

이사하고 보니 집 주변에 있는 비닐하우스가 흉물스러웠고, 흙먼지 날리는 비포장 길은 나를 더욱 실망시켰다. 체계 없는 우리나라의 국토개발도 문제였다. 길부터 닦은 후에 집을 짓게 해야 하는데, 집만 먼저 덜렁 세우니 교통문제가 심각할 수밖에 없다. 마을버스가 30분마다 운행되지만 그 불편이 적지 않아, 때론 소음으로 진저리치던 아파트가 그리워지기까지 했다. 그 답답한 마음에 장롱 면허증을 꺼내서 뒤늦은 운전 연수를 받고 차를 운전하기 시작했다. 그렇다고 외출이 쉬워진 건 아니었다. 자동차 홍수로 길은 언제나 막혀 있어서

초보운전자인 나는 늘 진땀을 흘렸다. 그뿐이 아니다. 어둠이 서서히 내릴 즈음이면 고약한 냄새가 난다. 이웃 주민들이 생활쓰레기를 태우는 냄새는 숨 쉴 수조차 없는 매캐한 악취로 코를 움켜쥐어야 할 정도라 마음대로 창문을 열 수도 없었다. 신선한 공기가 그리워 도시에서 이곳으로 이사했건만, 자연의 소중함을 모르는 그들이니 설득해도 소용없는 일이었다.

그렇다고 다 나쁜 것만은 아니다. 집에서 몇 발짝만 떼면 나타나는 뒷산은 울창한 나무가 빽빽하게 하늘을 가리어 마치 원시림을 연상케 한다. 이런 산이 가까이에 있어 좋았다.

서서히 날이 밝아 올 무렵이면 산도 기지개를 켜고 초록의 잎들도 사뿐히 잠에서 깨어난다. 향긋한 냄새, 작은 잎들의 흔들림, 나뭇가지 사이로 비치는 햇살을 밟으며 걷는 일은 하루의 즐거움이고, 산야의 초록빛은 가슴 벅찬 환희였다. 새들의 지저귀는 소리, 진달래꽃이 지천으로 피는 봄날과 알밤이 후드득 떨어지는 가을의 뒷산. 이것은 자연과 함께 하는 멋진 삶이었다. 삼라만상의 분주한 움직임이 있는 자연으로 들어가면 나도 모르게 마음을 빼앗겨 물아일체物我一體가 된다. 그러다 보니 외출은 자연히 뒷전이 되기 마련이었다.

그뿐이랴. 쓰레기와 교통문제를 다 상쇄시키고도 남을 텃밭이 있지 않은가. 봄이면 거름과 씨앗을 뿌리고 땅을 뚫고 올라오는 싹을 보면 순산順産하는 기분 못지않은 희열을 느낀다. 조급증을 달래고 때를 기다리는 농부의 마음처럼 정성을 들이고 부지런히 가꾸면 풍성한 결실을 안겨 주니, 땅은 참으로 정직하다는 것을 깨닫는다. 온갖 채소들이 때를 따라 무럭무럭 자라고, 하루가 다르게 쑥쑥 커가는 야채를 보면 자연의 오묘함을 깨닫게 된다. 때마다 식탁에 오르는 싱싱한 무농약 야채는 내가 키운 거라서 더욱 안심하고 먹게 된다.

5월의 정원에는 연초록 잎이 윤기를 머금고 있다. 햇살에 반사된 잎들은 눈부시게 아름답다. 소나무는 노란 송홧가루를 날리고 탐스런 모란꽃잎은 새색시 치맛자락처럼 펄럭인다. 한낮의 뻐꾸기 소리는 평화로운 여유를 안겨 준다. 하얀 펜스 위로 덩굴장미가 나를 보고 활짝 웃는다. 밤에는 논에서 개구리가 쉴 새 없이 울어대고, 소나무 사이로 둥근 달이 걸려 있을 때면 나는 한없는 평안과 감사로 행복감에 젖는다.

행복의 크기는 나이에 따라 개인에 따라 다르고, 생각과 가치기준도 다르다. 처음 내 집에 온 사람들은 첫마디가 "외진 곳이라 무섭지 않아요?" 하고 묻기도 하고 또 어떤 이들은 "공기가 너무 맛있어요" 라고도 한다. 인간 세상사 모두 양면성이 있으니 다 좋은 것만 있는 것도 아니고, 다 나쁜 것만 있는 것도 아니다. 편리한 것이 있으면, 불편한 면도 있고, 불편한 곳에 또 좋은 조건이 따르기도 한다. 열 중에 일곱은 좋고 셋이 나빠도 그것은 최상일 것이다. 각기 취향에 따라 어떤 것을 택할 것인가는 그 사람의 성격과 취향에 달렸다. 단지 자신이 좋은 것을 택하면 된다. 그렇지만, 택한 것에 대해서는 자신이 책임을 져야 한다. 내가 선택한 것을 긍정적으로 받아들일 때라야 만족한 삶을 살 수 있다. 교통이 나쁘고 쓰레기 태우는 악취가 날지라도 내가 선택한 현실을 받아들이니 오히려 나의 마음이 편하고 행복하다. 오늘 나는 자연의 품에서 위안과 평화를 얻는다.

자신이 머무는 자리에서 아름다움과 가치를 깨달을 때 비로소 행복은 나의 것이 되는 게 아닐까.

시집살이

"어머니, 저희 지금 갈게요." 갑자기 걸려 온 며느리 전화에 마음이 몸보다 앞서 움직인다. 요즘 며느리들은 '시' 자가 싫어서 시금치도 안 먹는다는데, 일주일이 멀다고 찾아와 나날이 늘어가는 손자 손녀의 재롱을 보게 해 주는 며느리가 고맙기만 하다. '저녁 반찬은 무엇으로 할까?' 며느리가 좋아하는 반찬을 떠올린다. 분주히 손을 놀리다 보니 문득 시어머니가 떠오른다. 고추당초보다 매운 것이 시집살이라고 했던가. 기쁨으로 팔랑거리던 가슴 한쪽이 이내 무겁게 내려앉는다.

남편을 처음 만난 것은 도서관에서다. 까만 교복에 빳빳한 교모를 쓴 그는 싱싱하고 상큼한 청년이었다. 우리는 톨스토이와 괴테를 함께 읽으며 얼굴을 익혔다. 그리고 많은 대화를 나누며 사랑을 키워 나갔다. 나는 대화를 통해 그가 신선한 사고를 지닌 소유자라는 것이 마음에 들었다. 그러나 결혼은 내가 생각하는 세상과는 거리가 먼 현실이었다.

따뜻한 햇살이 내리쬐는 화창한 봄날, 우리는 종로에 있는 한 예식장에서 많은 하객의 축하 속에 결혼식을 했다. 서로 다른 남남이 어울려 어머니, 시누이, 시동생이라 불리는 이들과 한집에서 살게 되었다. 신혼 방은 단 두 사람이 겨우 누울 수 있는 비좁은 방이었고. 혼수로 가져간 호마이카(formica) 장롱은 시어머니 안방에 들여놓았다.

나는 첫 날밤부터 잠을 설쳐야 했다. 시간마다 잠을 깨어 시계를 보았다. 자는 둥 마는 둥 새벽에 일어나 다홍치마 초록 저고리 곱게 입고 조심스럽게 시어머니에게 아침문안 인사를 드렸다. 그러고 나서 아침밥을 준비해야 했다. 부엌에 들어갔다. 하지만, 주방기구들이 어디 있는지도 모르는데다 반찬은 무엇으로 해야 할지를 몰라서 여기저기 살피며 왔다 갔다 할 뿐이었다. 시누이의 도움을 기대하고 연방 시누이의 방에 귀를 기울였다. 그러나 아무 기척이 없었다.

어찌 어찌하여 연탄불에 밥을 짓고 찌개를 끓여 밥상을 안방에 계신 시어머니 앞에 놓았다. 상을 둘러본 시어머니는 못마땅해하셨다. "이것을 하느라 새벽에 일어났느냐?" 하신다. 변변치 않은 상차림이 시어머니의 심기를 불편하게 하였던 것 같다. 나는 너무 창피하고 난감하여 몸 둘 바를 모르겠다. "며늘애야, 댕거지 가져오너라." 댕거지? 무엇을 가져오라는 것인지 몰라 어리둥절해하자 식구들이 한바탕 웃는다. 나는 어쩔 줄 모르고 붉어진 얼굴로 남편을 바라보니 그때야 고춧가루라고 알려 준다. 밥을 다 먹을 즈음에 "가마치 긁어 오너라" 하신다. 가마치가 무슨 말인지 알 수 없어 당황한 나는 더욱 민망스러워졌다. 한 번도 듣지 못했던 사투리에 억양까지 강하여 더욱더 알아듣지 못했다. 나는 언제나 먼 나라에서 온 이방인이 되었다. 남편도 식구들과 함경도 사투리로 시끌벅적하게 이야기할 때는 마치 다른 사람인 것 같았다.

결혼 전에 음식 만드는 것을 배워 올 것을 하는 뒤늦은 후회를 했다. 부모님이나 주위 사람들에게 공부 잘하고 착하다는 칭찬을 듣는 것으로 만족하며 살아왔던 나는 시집살이가 무엇인지 몰랐다. 친정어머니는 맏딸에게 가사를 시키지 않는 것이 곱게 기르는 것이라고 여기셨던지 당신 혼자서 모든 일을 다 하셨다. 학교에서 늦게 돌아오는 나에게 밥상을 차려 주었고 설거지도 시키지 않았다. 그리하여 나는 집에 돌아오면 으레 아무 일도 할 생각을 안 했다. 출근하는 나에게 친정어머니는 신고 갈 구두를 연탄아궁이에 따뜻하게 하여 마루 끝에 놓아 주기까지 했다. 삐딱구두(하이힐)를 신고 의기양양하여 학교에 가서는 아이들을 호령하며 자신 있게 지내왔는데,

시집은 영 어색하고 어려웠다.

남편은 퇴근하고 돌아와서는 저녁을 먹고, 설거지를 끝낸 나에게 시어머니 다리와 허리 주물러 드리기를 원했다. 거의 매일 늦은 시간까지 시어머니 방에서 하루의 일들을 이야기해 드리다 피곤함을 주체 못하여 내 방에 돌아오곤 했다.

한번은 부엌에서 설거지를 마치고 시어머니 방에 들어가는데 갑자기 큰소리가 들려 왔다. 무슨 영문인지 몰라 가슴이 두근두근 겁이 났다. "큰 며느리가 무엇을 하느냐? 집안 살림을 휘어잡지 않고, 하숙생이냐?" 남편 와이셔츠를 다려 놓지 않았다고 역정을 내시는 것이었다.

일요일이 되었을 때다. 나는 피곤해서 쉬고 싶었다. 그런데 막내 시누이가 마당에 가마니를 내다 깔고 부엌에 있는 양은냄비와 양은 솥을 전부 꺼내 놓았다. 연탄재를 잘게 부수어 기와 가루를 섞어서 새끼줄을 돌돌 말아 닦으라 했다. 시누이는 같이 일하는 체하더니 일어나 집 밖으로 나갔다.

그 당시에는 양은그릇을 얼굴이 비칠 정도로 반짝반짝 빛나게 닦아 시렁(선반)에 올려놓았다. 냄비와 솥이 깨끗한 것으로 그 집 아낙의 살림솜씨를 가늠했다. 이윽고 냄비를 다 닦아 물에 씻으려고 주섬주섬 챙겼다. 시어머니는 나와 보시더니 마음에 안 드셨던지 닦아 놓은 냄비를 발로 '툭' 건드리며, "발로 닦아도 이보다는 더 낫겠다" 하시는 것이다. 나는 민망하여 몸 둘 바를 몰랐다. 내가 살림을 잘못해서 시어머니 마음에 들지 못하는 것이 못내 부끄럽고 미안했다. 시집에서는 무엇 하나 자신 있게 잘하는 것이 없었다. 자신이 서 있는 자리가 어색하고 자꾸 주눅이 들었다. 친정이 그립고 엄마가 보고 싶어 마음은 살던 집으로 달려가곤 했다.

시어머니는 예전의 민며느리 제도를 생각한 듯하다. 피난시절에 내가 본 외가의 며느리들은 오로지 가사 일에 매달리고 먹을거리 만드느라 부엌을 떠나지 못했다. 밥도 방에서 먹지 못하고 부뚜막 위에서나 아궁이 앞에서 쭈그리고 밥을 먹었다. 여자의 능력은 살림을 잘하는 것이 가장 큰 덕목이었다. 여자의 인권이란 찾기 어려웠고, 시집을 가면 귀머거리 삼 년, 벙어리 삼 년, 장님 삼 년을 살아야 한다고 했다. 인내를 강조한 말이다. 나도 어렸을 때부터 자주 듣고 자랐다.

하지만, 이런 민며느리는 이제 핵가족화와 산업화 덕분에 사라져 가고 있다. TV에서는 전화 버튼 하나로 집안의 기기들을 제어하는 아파트가 나오고, 로봇이 집을 지키는 시대가 온다며 달콤한 미래를 예언하고 있다. 가사 일의 중압감을 일거에 해결해 줄 수 있는 첨단

만능제품은 이제 돈만 있다면 시간과 고생까지 대신할 수 있게 되었다. 고생스럽다는 시집살이는 이제 변화된 시대 앞에서 물리적인 면에서는 의미 없는 시대가 된 것처럼 보인다. 물론 시댁과의 갈등이라는 정신적인 면은 어느 며느리에게나 풀기 어려운 정답 없는 해답을 요구하고 있겠지만 말이다. 하루가 다르게 변하는 가사문화에 격세지감을 느끼며 지난날의 시집살이가 오버랩 된다.

내가 호된 시집살이를 한 것은 시어머니의 냉정한 성격 때문이 아니다. 시대적인 흐름이었다. 맏며느리의 도리와 종갓집 살림살이 방법을 가르쳐 주려는 마음이었을 것이다. 지금 이 시대에 사셨다면 어쩌면 지금의 나보다 더 따뜻하고 자상한 시어머니였을는지도 모른다.

시댁 모임에는 언제나 나를 앞세워 데리고 다니셨고, 며느리라고 소개할 때의 표정은 꽤 자랑스러워했는데…. 아, 지금도 천국에서 나를 대견하게 보고 계실까.

산은 사라지는가

가을이 깊어 간다. 아침 햇살이 눈부시게 비치는 산등성이 위로 곱게 물든 단풍나무가 아름답다. 호수를 가운데 두고 병풍처럼 둘러싸인 산이 운치를 더한다. 자그마한 호수와 꼬불꼬불한 길, 분재 같은 작은 산이 절묘하다고 감탄할 때에 산등성이 사이로 벌건 흙이 보인다. 언제 이렇게 뭉개졌을까? 한동안 산을 찾지 못한 사이에 많이 변했다.

딩동 초인종 소리에 밖을 내다보니 낯선 남자가 서 있다. 모처럼 집에서 조용히 있고 싶었으니 불청객이 반가울 리 없다. 한참을 서 있던 남자가 다시 초인종을 누른다. 문을 열어 주었더니 성큼 안으로 들어섰다. 그는 단지개발을 양해받고 싶어 왔단다. 개울을 아름답게 단장하고 가로수를 심고 가로등을 예쁘게 달아 주겠으니 도로를 사용하게 해 달란다. 일방적으로 공사해도 되지만 집을 짓고 살게 되면 서로 이웃으로 좋은 사이가 되고 싶어 이렇게 찾아왔노라 했다.

그러고 보니 얼마 전부터 산등성이 큰 나무에 빨간 끈이 묶여 있던 것이 생각났다.

몇 년을 살아도 반상회 한번 하지 않고 살던 주민들은 한마음이 되었다. 산을 허무는 일은 절대로 있어서는 안 된다는 뜻을 모았다. 그러나 우람한 체격의 장정 다섯 사람이 반상회에 나타나자, 그들에게 압도당해 불안한 심경에 서로 얼굴만 쳐다보았다. "반대해도 공사는 합니다"라며 큰 목소리로 으름장을 놓는 바람에 모두들 입을 다물고 말았다.

보전지역인 산은 절대로 훼손되지 않는다는 말을 믿고 이사한 것이었는데, 이사를 잘했다고 항상 행복해하던 마음이 금세 불안해지기 시작했다.

내가 사는 동천동은 동쪽에 개울이 있는 동네이다. 작고 깊은 산들이 많아 골짜기에는 맑은 물이 사철 흐르고 산에는 울창한 삼나무들이 하늘을 찌를 듯하다. 산속 오솔길에는 나뭇잎 사이로 빗살무늬 햇살이 고요히 쏟아져 내려 한눈에 마음을 사로잡는다. 그래서 이곳에 둥지를 틀었다. 아침에 눈을 뜨면 제일 먼저 산을 오르는 것이 일과가 되었다. 많은 사람은 건강해지려고 시간과 돈을 투자한다. 운동에 별로 소질이 없는 나는 산을 오르는 일이 유일한 운동이다. 시간에 얽매이지 않고 자유롭게 산을 오르내리면서 산이 나에게 일깨워 주는 것이 많음을 알았다.

계절에 따라 변하는 산의 모습이 경이롭다. 겨울 산은 흰 눈이 소복하고 앙상한 가지와 까만 나무가 절묘하다. 벌거벗은 나무는 새로운 생명을 생성해 내고 묵묵히 제 소임을 다한 것이 신뢰감이 간다. 봄에는 흙을 이고 올라오는 풀들이 있고 앙상한 나뭇가지에 돋아나는 봉긋한 봉오리는 귀엽다. 더구나 연초록 싹을 틔우는 모습은 환희와 희망을 안겨 준다. 산등성이에 봄을 알리는 노란 산수유꽃과 빨간 진달래꽃이 지천으로 피면, 온통 가슴이 설레어 나는 봄 처녀가 된다. 여름에는 흠뻑 땀을 흘리며 산에 오르면 온몸에 생기가 돌고, 가을 산은 곱게 물든 단풍과 풀꽃이 나의 시선을 끈다. 산에 있는 나무들과 나물의 이름도 하나하나 알게 되면서 절로 식물학자가 된다.

울창한 뒷산은 오르는 사람들이 없어 처음에는 무서움을 느꼈지만, 수북이 낙엽이 쌓이는 계절에 융단 같은 낙엽을 밟을 때 운치를 더한다. 남편과 함께 산을 매일 오르면서 건강도 좋아지고, 우리 부부가 함께하는 시간이어서 더욱 좋다.

서울 도심에서 자란 나는 산을 모르고 살았다. 처음 산에 인연을 맺은 것은 강남으로 이사하면서다. 집 뒤 작은 산에는 뻐꾸기가 울었다. 그 소리를 찾아 나선 것이 시작이 되어 산에 오르게 되었다. 그곳에는 배드민턴장이 있어서 매일 동호인들이 모여 배드민턴을 했다. 처음에는 파리채 같은 채로 가벼운 깃털의 공을 치는 것이 무슨 운동이 되겠는가 싶어서 우습게 생각했다. 그런데 그게 아니었다. 가벼운 채로 깃털의 셔틀을 후려치면 등에서 땀이 흠뻑 흐르고 숨이 턱에 찼다. 즐거움에 푹 빠지다 보니 하루라도 산에 오르지 못하면 안달이 났다. 그래서 매일 새벽 산을 오르는 일이 일과였다. 더욱이 운동도 좋지만, 친구들과의 만남이 더욱 기다려지는 새벽이었다. 운동 후에 서로 준비해 온 시원한 음료와 과일 간식을 나누어 먹는 순간은 행복한 웃음으로 가득했다.

이사 온 곳은 배드민턴장은 없지만 가파른 언덕과 땀을 씻어 주는 옹달샘이 있다. 봄에는 나물이, 가을에는 반짝반짝 빛나는 알밤이 있어 산을 오르는 재미를 더했다. 난생처음으로 알밤 줍는 재미에 빠져 시간 가는 줄도 모를 때가 허다했다. 알밤을 무상으로 그냥 주워 부자인 듯 흐뭇했다. 재산세도 내지 않는 뒷산이 나를 위하여 있는 듯해서 여간 행복한 게 아니었다.

2년 전, 뒷산의 나무가 잘리고 굉음을 내는 불도저가 사정없이 산을 허물었을 때, 내 살을 깎는 듯이 아팠다. 그때 담당공무원은 앞으로 산이 훼손되는 일이 절대로 없을 거라고 장담했었다. 그런데 지금 산 중턱까지 나무에 빨간 끈이 묶여 있다. 새소리와 꽃향기가 날리는 자연 속에서 맑은 공기를 마시고 조용히 살기를 원했는데, 또 어디로 가야 하나. 소음과 매연이 싫고 복잡한 곳을 피하여 교통의 불편함도 감수하고 찾아든 곳인데…. 그저 불안하기만 하다.

산은 나날이 뭉개져 푸른 숲이 사라지고 매연과 소음으로 짜증나는 교통지옥이 되어 있다. 지금도 아파트를 지으려고 산을 깎아 내고 있고, 콘크리트 숲으로 전락하여 가는 중이다. 그러다 보니 사방에 빼곡히 서 있는 아파트들로 숨이 막힐 지경이다. 이제 아름다운 자연경관을 자랑하던 동네는 사라졌다. 비어 있는 땅으로는 이사하는 게 아니라던, 사람들의 말뜻을 알 것 같다.

국토는 정부가 관장하여 통제와 개발을 해야 할 터인데 부서마다 다른 이기적인 생각들로 국토가 훼손되고 있다. 선거철이거나 정권이 바뀔 때마다 일제히 파괴되고 있는 현실이다. 동네 사람들이 반대해도 산은 무너질 것이다. 거인 앞에 선 작은아이같이…. 개발이란 미명 아래 환경을 파괴하는 행위가 예사롭게 행해지고 있으니 걱정이다. 이제라도 철저한 검증을 한 후 환경을 보전하여야 한다. 환경보전은 이제 더 이상 남의 일이 아니다. 자연환경이 무너지면 너나없이 피해를 보게 되고 더 나아가 생존까지도 위협을 받게 될 것이다. 올여름 유난히도 덥고 강수량이 많은 것도 기상온난화 현상일 것이다.

훼손된 자연환경으로 초래되는 모든 재앙은 인간에게 다시 돌아올 수밖에 없다. 오염된 공기와 물, 땅을 물려받을 후손들의 장래가 어떻게 될지 우려와 걱정이 앞선다. 울 안의 나무도 주인 마음대로 자르지 못하는 선진 외국을 보라고 외치고 싶은 이 심경을 그 누가 알랴. 아, 그 뻐꾸기 집은 무사할까?

탄생은 축복

4월의 햇살이 눈부시다. 산자락의 연분홍 진달래가 손짓하던 날, 며느리의 산통 소식에 놀라면서 한편 기뻤다. 시계를 보니 9시. 기다리던 해산 예정일이지만 초산이라 아마 온종일 진통이 계속될지도 모른다. 여자이기 때문에 감당해야 하는 고통이 여간 안쓰러운 게 아니다. 무사히 순산하기를 간절하게 바라지만 불안해 갈피를 잡을 수 없다. 쿵쾅거리는 가슴을 잠재우려, 쓸데없이 수건을 죄다 꺼내 푹푹 삶기도 하고 다림질을 하건만 도무지 초조함이 가시지 않아 집안을 맴돌기만 했다. 무사히 해산할 거라고 믿으면서도 시간이 흐를수록 불안감은 떨쳐낼 수 없었다.

더는 집에서 기다릴 수 없어 부리나케 병원으로 갔다. 복도에는 사람들이 초조하게 서성이고 있었다. 하나같이 표정이 심각하다. 며느리의 산통은 멈추었다가 다시 시작되고, 고통스럽다가도 언제 그랬느냐는 듯이 평온하였다. 아직 태문이 열리지 않았다는 말뿐이다. 아들도 초조함을 감추지 못하고 병실을 들락거리는가 하면 복도를 서성인다. 시간이 지체되면 제왕절개를 할지도 모른다는 말에 침통한 표정이다. 며느리의 고통이 내 고통처럼 느껴져 안타까웠다. 창 밖에는 어둠이 짙게 드리워졌다. 이제 몇 분만 지나면 자정이다. 혹여나 며느리나 태아에게 어떤 좋지 않은 일이 생기는 것이 아닌가 하는 불길한 마음을 누를 수 없었다. 초조하고 불안한 시간이 그토록 길고도 긴 것은 내 생애에서 처음인 듯했다.

드디어 아기의 고고한 울음소리에 기뻐 사돈을 얼싸안고 환호했다. 산모와 아이, 모두 건강하다는 소식은 기쁨이고 감사였다. 고통을 끝까지 참아낸 며느리가 대견하기만 했다. 가문이 이어지는 순간이니 어찌 영광이 아니겠는가.

다음날 아기를 보러 병원에 갔다. 그런데 같은 병실에 있는 한 젊은 여자가 울고 있었다. 30대 초반의 산모로 오랫동안 입원했다고 한다. 핏기 없는 창백한 얼굴의 그녀는 긴 생머리를 뒤로 묶고 있었으며 연약해 보였다. 가녀린 어깨를 들썩거리며 쉴 새 없이 눈물을 흘리고 있었다. "아기가 뱃속에 있는 동안 참으로 따뜻했는데…" 임신 초기부터 유산기가 있어, 몇 달 동안 갖은 노력을 했는데도 불구하고 결국 태동이 멈추고 말았다고 했다.

어떤 말이 위로가 되겠는가. 자신의 뱃속에서 7개월 만에 사산된 태아와의 이별은 이 세상 전체를 잃은 것과 맞먹으리라. 나는 가만히 그녀의 손을 잡고 등을 다독여 주었다. 아내의 슬픔을 더는 달랠 길 없는 그녀의 남편은 수척해진 얼굴로 태아의 시신을 수습하러 수술실로 들어갔다. 가엾은 부부를 보면서 잊고 살았던 그때의 기억이 되살아났다.

첫 출산. 도대체 얼마나 아파야 아이가 나오는지 알지 못했다. 눈에 별이 보여야 한다는 어른들의 이야기만 생각났다. 그런데 정신은 초롱초롱하고 자꾸 화장실만 가고 싶어졌다. 한밤중에 병원을 찾는 일이 생기기 전에 미리 알아두어야 할 것 같아서 별수 없이 찾아간 가까운 동네 병원. 병원은 허름했지만 늦은 시간임에도 나이 지긋한 의사와 간호사가 있어서 다행이었다. 밤새도록 진통을 겪는다고 해도 걱정이 없을 것 같았다. 그러나 예상이 빗나갔다. 태문이 다 열려서 태아가 나오려고 하니 힘을 주라는 것이었다. 드디어 진통이 끝나고 무언가 하체에 스치는 느낌이 들었다. 그런데 방 안 분위기가 이상했다. 심상치 않은 느낌에 몸을 일으키려 하자 의사가 어깨를 눌렀다. 와락 겁이 나고 불길한 예감이 스쳤다. "내 아기는요?" 잦은 발걸음과 부산하고 알 수 없는 움직임, 의사의 당황한 태도뿐,

아무도 대답하지 않았다. 열 달을 뱃속에서 건강하게 잘 자랐었는데 울음소리 한번 내지 못하고 가버리다니 믿기지 않았다. 두 번의 유산과 조산 후에 태어난 아기가 사산이라니…. "어떻게 가졌는데, 어떻게" 난 울분과 설움에 엉엉 소리내어 울었다.

오랫동안 태기가 없자 시어른들이나 가까운 친척까지도 근심의 눈길을 보냈다. 그 기간은 바늘방석이었다. 한약을 먹고 유명하다는 의사를 찾은 덕인지 어렵게 임신할 수 있었다. 애타게 기다리던 임신이 되자 태어날 아이를 기다리며 기저귀와 배내옷을 만들며 행복했었다. 가족들도 기뻐서 몸조심하라는 당부를 잊지 않았고 의사도 안정을 취하라는 주의를 주었다. 그러기에 교장선생님도 수업만 하고 집에서 쉬도록 배려를 해주었고, 동료까지 운동회나 야외수업을 대신 맡아서 해주었다. 그런 모든 것이 헛되어졌으니 부끄럽고 면목이 없었다. 또한, 시어머니와 친정어머니의 실망이 얼마나 클까 생각을 하니 아득했다. 자꾸 아기가 우리 곁을 떠난 것이 내 잘못처럼 여겨졌다. 아기를 잃은 설움, 아기를 낳지 못하는 슬픔을 말로 다 표현할 수는 없다. 날마다 죄인 아닌 죄인으로 살아야 했다.

그리고 몇 년 후, 신은 나를 불쌍히 여겼는지 그렇게 원하던 아들을 주셨다. 모든 사람들에게 소리치고 싶었다. "나도 아들을 낳았다!" 라고 며느리와 아내의 도리를 다한듯하여 그동안 주눅이 들던 마음이 날개를 달아 훨훨 날았다. 집안의 가장 큰 경사였기에 칠십이 다 된 시어머니는 덩실덩실 춤을 추었다.

이제는 그 아들이 자라서 내게 손자를 안겨주었다. 하얀 피부에 붉은 입술이 연신 오물거린다. 배냇짓을 하며 잠들어 있는 갓난아기의 얼굴은 신비롭다. 웃으며 자고 있는 평화로운 표정은 혼자 보기에 아까웠다. 연약한 풀잎처럼 보드랍고 싱그럽다. 너무 소중하여 손대기조차 조심스럽다. 그런데 안고 싶고 만지고 싶으니 어쩌랴.

가만히 품에 안고 살그머니 볼을 대본다. 아! 따뜻하다. 내 생명보다 더 귀한 생명이다. 온몸으로 축복이 느껴진다. 오늘따라 햇살이 더욱 눈에 부시다.

지순한 사랑

하늘은 높고 단풍이 아름다운 햇빛 찬란한 어느 가을날, 다들 야외로 나간 틈을 타 여유로운 쇼핑을 즐기던 참이었다. 저만치 마트 좌판에서 물건을 뒤적이는 한 남자가 눈에 띄었다. 낯이 익은데 누군지 생각이 나지 않는다. 망설이다 가까이 다가갔다. 그는 운동복을 고르느라 옆에 가까이 다가온 나를 의식하지도 못했다. 찬찬히 뜯어보던 나는 깜짝 놀랐다. 분명히 J였다.

여리고 순수하여 맑은 영혼의 향기를 띄워 주던 사람, 그는 친구의 남편으로 만났지만, 개인적으로도 호감을 느꼈던 사람이었다. 결혼 초에 만났던 우리는 항상 가족처럼 지냈다. 같은 또래인 아이들이 서로 잘 어울렸고, 변함없이 편한 성격의 친구 부부와 방학 때마다 함께 여행을 가곤 했다. 그때마다 그의 자상함이 빛을 발했다. 자애롭게 아이들을 보살필 뿐 아니라 보이지 않는 일까지 찾아서 했다. 주방일이며 청소하는 일까지 가리지 않았다. 콘도에서 퇴실준비를 하려고 보면, 어느새 입실할 때와 같은 상태로 말끔히 정리되어 있었다.

그는 굴지의 건축에 한몫했던 사람이었다. 그렇게 마음이 여리고 순수한 사람이 어떻게 그 어려운 건축 일을 했는지 의아스럽다. 그러나 그것이 그의 비결이 아니었을까. 60년대에는 세계 일주를 하며 건축양식을 배웠을 정도로 열정적이기도 한 그는 항상 맑은 미소를 머금고 있어서 그와 마주하는 사람을 온유하게 하는 힘이 있었다.

그랬던 사람이 불과 몇 달 사이에 이토록 변할 수가 있을까. 검었던 머리카락은 서리가 내려 희끗희끗하고, 어둡고 아무 생각도 없는 듯 멍한 표정…. 몸도 마음도 야위어 황폐해진 J는 자세히 살피지 않았다면 알아볼 수 없을 만큼 쇠약해 있었다. 나는 제 남편을 이렇게 만든 친구가 원망스러웠다.

어느 날 갑자기 친구는 신장암 수술을 받게 되었다. 하지만, 전혀 걱정하지 않았다. 완치할 수 있었던 나처럼 나을 수 있다고 낙관했다. 수술 전과 다름없이 건강하게 적극적인 생활을 했다. 묵화를 배우고 꽃꽂이 전시회 준비로 바쁜 나날을 보냈다. 그러다 뜻밖에 폐암과 뇌종양으로 전이되고 말았다.

폐암으로 전이되었을 때부터 그녀의 남편 J는 다니던 직장마저 접고 아내의 간호에 매달렸다. 미국의 저명한 병원을 찾아 나서서

방을 얻어놓고 통원 치료를 하게 했다. 그렇게 일 년이나 살았다. 그러나 병세는 별로 나아지지 않았고 결국 속수무책, 고향에 돌아올 수밖에 없었다. 그래도 그는 힘들어하지 않았다. 병든 아내가 답답할까 봐 아침저녁으로 산책하고 계절 따라 여행도 챙겼다. 기동을 못하는 아내의 손과 발이 되고, 앉히고 세우고 하면서 화장실 출입은 물론 목욕도 시켰다. 그녀를 자주 찾으며 살펴보았지만, 그는 늘 한결같았다.

적적하지 않도록 환자용 침대를 거실에 둔 것 하며 TV 리모컨과 전화기, 메모지를 침대 옆에 가지런히 놓아둔 것까지 환자를 배려한 마음을 엿볼 수 있었다. 앞치마를 두르고 주방에서 아내가 먹을 음식을 만드는 모습에 진심이 담겼다. 과일주스와 유동식을 들고 와 숟가락을 아내의 손에 쥐여 주는 표정에 사랑이 가득하다. "잘 먹었어요?" 빈 그릇을 내놓는 아내에게 건네는 말 한마디에서도 따뜻함이 묻어 있다. 만면에 머금은 그의 미소에서 아내가 오늘도 음식을 잘 먹은 것에 대한 만족함이 드러난다. 아내를 위하여 할 수 있는 일이 있다는 것만으로도 기뻐하는 것 같았다.

한 번은 이런 일도 있었다. 나는 그녀를 방문할 때마다 콩물과 음식을 만들고 내 손으로 키운 신선한 채소를 가지고 드나들었는데 그날따라 너무 서두른 탓에 콩국이 좀 넘쳐흘렀던지 장바구니가 젖어 있었다. 나는 그 남편에게 폐가 되지 않으려고 장바구니를 얼른 감추었다. 그런데 그는 어느새 내 장바구니를 깨끗이 빨아 보송보송하게 말려서 내밀었다. 아내 뒷바라지하기도 버거울 텐데….

그토록 정성을 기울였건만 그녀의 병세는 날로 더 악화하여 결국 입원하게 되었다. 그는 아내에게 더 극진했고 지켜보는 사람들을 더 안타깝게 했다. 병실에서 새우잠을 자면서도 자신의 건강보다 아내가 희망을 잃지 않도록 온 마음을 기울였다. 아내의 얼굴을 쓰다듬으며 머리카락이나 옷매무새를 고쳐 주는 손길이 애틋했다. 정성과 사랑이다. 하루하루가 마지막 날인 것처럼, 있는 힘을 다하여 그녀의 아픔을 껴안았다. 그녀도 남편의 사랑에 감사했다. 그런 남편에게 보답하려 절망적인 상황 속에서도 끝까지 희망의 끈을 놓지 않았다. 그러나 지난봄, 끝내 저세상으로 가버리고 말았다.

"J씨!"

그는 꿈에서 깬 듯 돌아보았다. 그는 아직도 아내를 잃은 것을 실감하지 못한다고 했다. 늘 아내가 함께 있는 것처럼, 외출하여 집에 돌아오면 "여보, 나 왔어" 하고 식사 때가 되면 부엌을 향하여 "여보, 밥 줘," 한다고 했다. 식탁에서 아내가 앉던 자리를 향해 반찬 접시를 밀어주다가 멈칫한다고…. 아내가 부엌에서 나오는 것 같다며 눈시울을 적신다. 그런 그는 하루가 다르게 수척해 갔다.

병든 아내에게 7년을 하루같이 사랑과 헌신을 베풀고서도 혹 부족하지 않았는지 자책하는 그다. 이 얼마나 지고지순한 사랑인가.

어쩌면 모든 아내들이 바라는 사랑이 바로 이런 것이 아닐까. 남편이 병이 나면 대부분 아내는 헌신적으로 보살피지만 남편이 아내를 위하여 오랜 시간 지극한 병구완을 하는 모습은 보기 드물기 때문이다. 그러고 보면 친구는 참 행복한 여자다.

나는 그의 슬픈 사랑에 눈시울이 뜨거워졌다. "K도 J씨의 사랑에 감사할 거예요. 이제 다 잊고 새 출발하세요." 나는 눈물을 감추느라 급히 자리를 떴다. 오늘도 속절없이 "여보 기다려요. 지금 당신 있는 곳으로 가고 있다오" 하고 있지는 않은지 걱정이다.

세상에서 제일 무거운 건

'잠보', 잠이 많아서 내가 나에게 붙인 별명이다.

저녁상만 물리고 나면 잠이 쏟아져서 텔레비전 드라마도 제대로 보지 못한다. 연신 꾸벅꾸벅 졸고 있으면 남편은 방에 들어가서 자라고 성화를 부린다. 순간 정신을 가다듬지만 금방 눈꺼풀이 다시 내려앉는다. 그럴 때면 손자가 살며시 다가와 호기심으로 할미 얼굴을 들여다보며 짓궂은 장난을 친다. 멋쩍고 부끄럽지만 그것도 잠시, 다시 눈꺼풀이 닫힌다.

하루 중 가장 행복한 시간은 바로 하루의 일과를 마감하고 나서 잠들려고 침대에 눕는 시간이 아닌가 싶다. 그런데 이제는 잠이 행복이라는 생각보다 주체할 수 없는 잠이 원망스럽다. 그것은 뒤늦은 나이에 시작한 '책읽기' 때문이다. 하루에 200쪽을 읽으려면 잠을 줄여야 할 터인데, 책을 펼쳐 대여섯 장쯤만 넘기면 갑자기 쳐들어오는 잠의 공격에 그만 손에서 책이 미끄러지고 만다. 퉁 떨어지는 소리에 깜짝 놀라 다시 책을 주워 읽지만 기억에 남는 것이 없다. 그러니 밤을 지새우며 글을 쓴다거나 책을 읽는 사람들이 부럽다 못해 우러러보인다. 쏟아지는 잠으로 속상하다고 투정을 부리면 친정어머니는 복인 줄 모른다고 나를 나무라신다. 밤새 한잠도 못 자서 눈이 깔깔하고 머리가 아프다는 어머니께 내 잠을 뚝 떼어 드렸으면 좋겠다.

중학생 때이던가, 기말시험을 앞두고 친구는 자기 집에 가서 공부하자고 했다. 아마도 자신보다 내가 공부를 더 잘한다고 여기고 같이 시험공부를 하면 성적을 올릴 수 있을 것으로 기대했던 모양이다. 그러나 그 친구가 예상한 것처럼 밤을 새우거나 늦도록 공부하지 못했다. 잠보인 내가 시험공부라고 밤을 새우기는커녕 12시도 못 되어 잠에 빠져 버린 것이다. 친구는 어이없어했다. 일부러 일찍 자는 것이 아닌가 하는 의심까지 받았다.

그뿐만 아니다. 결혼을 하고 새색시가 되어서는 시어머니에게 아침문안을 드리려면 이른 새벽에 한복을 차려입어야 했다. 게다가 아침상까지 준비해야 하니 새벽에 일어날 일에 걱정이 태산이었다. 잔뜩 긴장하느라 매시간 눈이 떠졌다. 그러니 출근버스 안에서는 물론 직원 조회시간에도 눈꺼풀이 닫히는 것이 다반사였다. 속 모르는 사람들의 시선이 부끄럽고 민망하였지만 그것도 잠시뿐이었다.

남편은 잠자리에서 이야기하는 것을 좋아했다. 그런데 하루 일과를 들려주는 남편의 이야기가 내게는 자장가로 들렸다. "벌써 잠들었어?" 하는 원망의 말이 어렴풋이 들려 오면 하는 수 없이 "안 자~" 하지만 마치 음주 운전자가 방향을 잃듯 엉뚱한 얘기를 횡설수설한다. 하늘에서 쉬지 않고 쏟아지는 함박눈처럼 쏟아지는 잠은 아무리 정신을 차리려고 해도 소용이 없다. "그래, 자라" 남편은 할 수 없다는 듯 체념하고 나는 기다렸다는 듯이 편히 눈을 감았다. 남편이 돌아눕는다. 그래도 어쩌는 수가 없다.

아이가 생기자 걱정이 되었다. 어린 시절에 들었던 문간방 아주머니의 말이 생각났기 때문이다. 윗동네에서 밤새 갓난아기가 엄마 몸에 깔려 숨을 쉬지 못했다는…. "너는 잠이 들면 누가 들어가도 모르지?" 라고 놀려대던 삼촌의 말도 마음에 걸렸다. 그러나 그것은 기우였다. 내가 아기 엄마가 되자 아기가 밤에 칭얼대면 절로 잠이 깨어 기저귀를 갈거나 우유를 먹이곤 했다. 아기의 부스럭 소리에 촉각을 세우게 된 모성은 하늘이 주신 은총이라 여겨졌다.

나이를 먹으면 새벽잠이 없어진다고 하나 나에게는 해당하지 않는다. 연중행사인 특별 새벽기도회에 가려고 알람시계를 머리맡에 두고도 매시간 자다 깨다를 반복한다. 그렇게 어렵게 참석한 기도회건만 눈을 감고 기도하다 보면 어느새 졸고 있는 자신을 발견한다.

설교 말씀도 자다 깨다 들으니 필름이 끊긴 것처럼 감격은커녕 기억에 남는 것이 없다. 창피하고, 원망스럽지만 이쯤 되면 병이다.

세상에서 제일 무거운 건 눈꺼풀 위에 내려앉은 잠이 아닌가 생각한다. 잠을 없앨 수만 있다면 무엇과도 바꾸고 싶었다. 그런데 정말 그런 일이 내게 벌어졌다. 갑자기 쓰러져서 병원에 입원하게 된 것이다. 난생처음 겪는 극심한 통증으로 잠을 이룰 수 없었다. 그렇게 길고 긴 밤일 줄이야. 그래도 다행스러운 건, 통증이 잦아들면 틈틈이 잠을 잘 수 있었다. 그 결과, 빠르게 회복되어 갔다.

잠이 보약이란 말이 맞다. 잠자는 시간은 허무한 시간의 낭비라고 하지만 살아가는 데 가장 필요하고 중요한 시간이다. 나는 아무리 힘든 고통이 있다 할지라도 잠시 그 순간만 지나면 꿈나라로 갈 수 있다. 그것은 여유로운 성격과 긍정적인 사고를 지녔기 때문이다. 감사한 일이다. 화나고 걱정 많으면 어찌 잠이 오겠는가. 단잠을 자는 것은 내가 평탄하게 살아왔다는 증거일지도 모른다. 60평생, 괴로움보다 즐거움이 많았다는 건 축복이다.

단잠을 푹 잔 이튿날 새벽, 힘찬 기운이 솟는다.

그래, '잠보' 면 어떠랴. 잠이 축복인 것을.

사랑의 빛

사랑의 빚

새들의 지저귀는 소리에 잠을 깼다.

기분 좋은 하루가 시작될 듯 알 수 없는 기쁨이 출렁인다.

뜰에는 뾰족뾰족 음표를 달고 나온 새싹과 함초롬히 피어 있는 수선화, 목련꽃이 눈웃음을 친다. 정녕 나에게 봄을 볼 수 있게 하여 주신 하나님께 감사를 드리니 가슴이 벅차오른다.

1

십여 년 전 일이다.

"항문을 폐쇄해야 합니다. 직장암입니다." 의사의 말을 듣는 순간 나는 깜짝 놀랐다. 항문이 없는 자신의 흉측한 모습이 어른거렸다. "저 수술 안 합니다" 라고 매몰차게 말하자, 의사는 어이없다는 듯이 물끄러미 바라보고만 있었다. 그 시선을 피하듯 병실문을 박차고 나서는 내 등 뒤에서 "수술을 서두르셔야 합니다"라는 의사 말이 내 귀에 꽂혔다. 순간 나도 모르게 눈물이 주르륵 흐르고 있었다.

내가 암이라고? 거기다 항문을 폐쇄하고 인공항문을 옆구리에다 만들어야 한다니 상상하기도 싫고, 믿고 싶지도 않았다. 암은 내가 아닌 다른 사람에게만 있는 일이라 여겼기에 한 번도 생각 못한 일이었다. 더욱이 평상시 잔병 없이 지내었기에 건강하다고 자부하였다. 하필이면 내가 암환자가 되었다는 것이 몹시 억울해 알 수 없는 분노가 치밀어 올랐다. 아직 암이라 할 만한 증세가 없었는데, 다만 배가 아파 동네 내과를 자주 갔다는 생각과 변이 보고 싶다는 느낌이 들어 화장실을 자주 들락거렸다는 것뿐, 이런 사실을 암과 연관하여 생각해 본 적이 없었다. 정말 황당했다.

구질구질하게 사는 것보다 짧고 산뜻하게 살고 싶었다. 수술을 안 하겠다고 했지만 남편의 의지를 꺾을 수 없어 결국 입원하고 말았다. 병실은 아픈 사람들로 가득 차 있었다. 새삼 사십구 년을 살아오면서 하루도 입원하지 않았던 것이 신기했고 기적 같았다.

입원 첫날밤, 병실에 홀로 남게 되자 지난날이 주마등같이 스쳐갔다. 주부와 아내, 며느리, 어머니, 교사의 역할에 충실하려고 온 마음을 다했던 세월이었다. 시어머니의 마음에 드는 살림 잘하는 종갓집 맏며느리가 되고자 노심초사 노력했던 지난날이다. 그렇게 살아가는 동안, 시어머니 앞에서 자신의 의견조차 떳떳이 내세우지 못하면서 지냈다. 이제 시어머니도 저세상으로 가셨고, 어디든 가고 싶은 곳 다 가고, 뭐든 하고 싶은 것도 다 하며 살 수 있는데….

수술하다 혹여 깨어나지 못할지도 모른다는 우려와 함께 전혀 준비가 안 된 상태라서 죽음의 벼랑 끝에 서 있는 느낌이다. 내일을 기약할 수 없다는 생각에 마음이 조급해졌다. 사랑하는 사람들에게 마지막 작별인사라도 해야 할 것 같다. 헌데 손에 주삿바늘이 꽂혀 한 줄도 쓸 수 없으니 난감했다. 남편에게 전해야 할 것과 당부할 것들이 너무 많았다. 그런데 예전에 중요하다고 여겼던 돈과 명예 모두가 하찮은 일 같다. 아무것도 가져갈 수 없는 휴지 같은 돈에 매달려 살아왔던 지난날이, 끝없는 욕심으로 앞만 보고 달려왔던 세월이 허무했다. 오로지 내 가족에 매달려 이웃에게 눈 돌릴 겨를도 없이 지낸 삶이 후회되었다.

여러 개의 줄을 끼고 수술실로 들어가는 동안 수없이 하나님께 속죄의 기도를 드렸다. 내 건강은 당연하고 남이 아프다는 말이 짜증스럽게 들렸던 지난날이 얼마나 독선적이었던가를 참회했다. 행여 절약한다고 인색하지는 않았는지, 곰살맞게 다가가지 못하고 지낸 시어머니, 남편 봉급이 적다고 불평만 했던 것을 뉘우쳤다. 기도는 겸손한 마음을 일으켜 담담하게 했다.

"정신 들면 눈을 떠봐요" 라는 남편의 목소리가 들려 왔다. 병실에는 이미 어둠이 짙게 드리워졌고, 가족이 의식 없는 나를 불안스럽게 들여다보고 있었다. 7시간의 수술이었다고 했다. 그 밤은 길고도 길었다. 내 의지와는 다르게 손가락 하나 움직일 수 없었고 옆으로 돌아눕기조차 어려웠다. 내 몸이지만 내 자유로 움직일 수 없는 것이 못내 절망스러웠다. 꼼짝도 할 수 없는 몸은 다른 누구의 도움이 필요했다. '자유롭게 몸을 움직일 수만 있다면' 더는 아무것도 바랄 것이 없을 것 같았다.

하루하루 병의 차도가 놀라웠다. 항문을 폐쇄하지 않은 것이 기적인 듯싶다. 날마다 퇴원을 손꼽아 기다리며 희망에 부풀었다. 창 너머 산자락에는 어느 사이에 진달래가 붉게 피었다. 며칠 후 집에 돌아가면 배드민턴도 하고 친구와 함께 쇼핑도 하며 다시 예전의 생활로 돌아가야지. 일상의 사소한 일들이 그리웠다.

그런데 퇴원에 대한 기대가 빗나갔다. 수술후유증으로 한쪽 다리가 붓고 그 때문에 많은 약을 먹고도 걷기 어려워진 것이었다. 6주의 방사선 치료가 시작되었다. 어려움을 각오하라는 말을 듣고 시작한 치료는 처음 며칠은 이것쯤이야 하고 대수롭지 않게 여겼는데, 날이 갈수록 고통이 더했다. 날마다 거대한 기계 밑에 두려움을 억누르고 저항도 없이 그저 몸을 뚫고 지나갈 방사선에 몸을 맡겼다. 숨을 크게 쉬면 혹시나 방사선이 다른 곳으로 쪼여질까? 숨도 제대로 쉬지 못했다. 그러는 사이 온몸이 까맣게 타들어 갔다. 매일 먼 병원에 남편 차에 실려 가는 것조차도 힘겨웠다. 날마다 달력에 빨간 연필로 X자로 지우며 치료 마칠 날을 세었다. 일어설 힘조차 없어 화장실 출입을 엉금엉금 기어서 했고, 창자가 끊어질 듯한 고통에 배를 움켜쥐고 몸부림을 쳤다. 아이 낳는 것보다 심한 고통이었다. 누가 내 아픔을 대신한다면 내가 사는 집은 기꺼이 내주리라. 그러나 그것은 생각뿐 고통을 대신할 사람이 누가 있겠는가.

어디 그뿐이랴. 음식은 입 안에서만 맴돌 뿐 넘어가지 않았다. 모래를 씹는 것 같다는 말처럼, 음식이 모래 같아서 도저히 삼켜 넘길 수가 없었다. 이렇게 음식을 먹지 못하면 죽을지도 모른다는 두려움까지 엄습했다.

꼼짝 못하고 누워 있는 내내, 길에서 손수레를 끄는 부부, 새벽에 병실을 청소하는 아주머니들이 한없이 부러웠다. 건강만 하다면 아무런 욕심 없이 살겠다고 거듭 다짐을 했다. 건강을 잃고 나서야 건강이 소중하다는 것을 알았으니 참 어리석은 일이다. 그동안 무탈하게 살았기에 건강에 무심했던 일도 후회되었다.

고통의 나날 속에서 가족은 물론 이웃들의 헌신과 사랑은 내 가슴을 뜨겁게 했다. 큰아들이 학교 가는 것도 마다하고 꼬박 뜬눈으로 내 곁에서 머리도 빗겨 주고 안아 일으켜 주었고, 남편은 아내의 아픔을 대신하고자 했다. 어떻게든 딸을 살려야겠다며 자신의 생명까지도 딸에게 주고자 했던 어머니의 헌신적인 사랑…. 이웃과 친구들의 안타까운 눈물과 연민의 눈빛을 지금도 잊을 수 없다.

주위 사람들의 뜨거운 사랑은 내게 많은 위로가 되었다. 그 사랑의 향기를 느낄 수 있었고 그것에 도취하여 아픔을 곧잘 잊었다.

사는 동안, 가장 값진 사랑을 느낀 때도 그때였다고 생각한다.

2

차츰 통증이 사라지면서 희망이 생겼다.

괄약근만 조절된다면 외출할 수 있다고 하니 얼마나 다행한 일인가. 어머니의 노심초사도 누그러졌다. 이제는 어머니 마음을 아프게 해서는 안 될 것 같다. 곧 고통도 끝날 테니까.

그런데 고통이 끝날 거라는 믿음 안에서도 재발의 두려움이 언뜻언뜻 스치는 것이다. 1년이 지났다. 막연한 두려움은 현실이 되어 또다시 벽에 부딪히는 순간이 닥쳤다. 두려워했던 일이 드디어 오고야 만 것이었다. 재발이다. 재발을 막으려고 할 수 있는 일은 다 했는데, 이상한 일이다. 허망했다. 날마다 산더미처럼 많은 채소를 녹즙으로 만들어 먹었기에 퍼런 물만 보아도 역겹다. 정말이지 그 녹즙을 매일 서너 컵을 마시는 일은 고역이었다. 그러나 어머니의 정성 어린 식이 요법을 거절할 수는 없었다. 어머니는 식이 요법을 신처럼 믿으시니 나는 따라야 했다. 남편은 온 나라를 뒤져서 좋다는 약을 다 사들였다. 병은 하나지만 병을 낫게 하는 약은 어찌도 그리 많던지.

재발은 절망과 분노와 원망을 동반해 나를 괴롭혔다. 어쩔 수 없이 또 수술을 받아야 했다. 장을 넉넉히 잘라 내고 한쪽 신장도 떼어냈다는 의사의 담담한 말이 이명처럼 들렸다. 간으로 전이되지 않은 것이 천만다행이라고 한다. 주사 요법은 힘들어 감당할 수 없으니 약을 복용하자고 했다. 약은 뜻밖에 부작용이 심했다. 복통이 심한 것도 부족한지 의식까지도 무력하게 만들었고, 손가락과 얼굴이 까맣게 타들어갔다. 더구나 항문의 무지근한 기분 나쁜 느낌은 형언하기 어려웠다.

숨만 쉴 뿐, 아무것도 할 수 없는 나는 낙담과 무서움에 떨었다. 친정어머니도 딸이 건강을 찾았다고 여겨 자신이 살던 미국으로 돌아가신 후였다. 넓은 집안에 홀로 남은 나는 적막하다 못해 괴괴했다. 어렵게 수소문해서 들어온 도우미아주머니는 환자가 무서워서 더 못 있겠다며 며칠 머물다 집으로 돌아갔고, 나에게 약 먹을 물을 떠다 줄 사람조차 곁에 없었다.

그러던 때에 미국에 있는 동생이 구세주처럼 나를 구해 주었다. 처음에 발병할 당시에는 동생에게 폐를 끼쳐서는 안 된다는 생각으로 마다했지만, 재발하고 나니 바다에 표류한 듯 막막했다. 병구완할 사람도, 살림을 맡아서 해 줄 사람도 없으니 마치 표류하는 난파선難破船 같았다. 주부의 자리가 얼마나 큰지 비로소 절감한 때였다. 동생에게 미안하고 폐가 될 걱정일랑은 접은 채, 내 몸 하나 위해 허겁지겁 비행기에 몸을 실었다. 13시간이나 비행기를 탈 일이 걱정이었지만, 남편의 배려로 난생처음 일등실의 침대 같은 자리에 누워서 무사히 갔다. 동생은 이미 병원에 예약해 놓고 기다리고 있었다. 세계에서 가장 유명하다는 병원이다. 의사 또한 세계적인 명의라고 했다.

동생의 집은 쾌적하고 컸다. 누이가 몇 달을 기거할 방을 사용하기 편하게 꾸며놓았다. 침대와 침구를 새로 사들였고 화장실도 함께 붙어 있었다. 세심하고 정성이 깃들어 있어 고마웠다. 넓은 정원 잔디에는 토끼가 뛰놀고 키가 큰 나무에 다람쥐가 오르내리고, 냇가에는 청둥오리가 짝을 지어 유유히 노니는 모습이 평화스러웠다. 새삼 동생의 화목한 가정과 귀여운 조카들이 대견했다. 평범한 일상의 일들이 얼마나 소중한지.

낯선 병원이라 그런지 을씨년스럽고 미로迷路 같은 복도와 수많은 병실은 마음을 더 짓눌렀다. 2월의 날씨는 턱이 떨리게 추웠다. 몸이

추우니 마음마저 추웠다. 동생 내외는 말 한마디도 못 알아듣는 누이를 대신하여 귀와 입이 되고 발과 손이 되어 주었다. 동생은 생업은 뒷전이고 누이의 병시중에 매달렸다. 올케는 병원에 가는 날이면 의학 용어 사전을 끼고 앉아 의사에게 일일이 물었다. 세계적인 명성에 걸맞게 의사는 친절하고도 자세히 설명해 주었다. 간호사, 의사의 친절은 감탄할 정도였다.

동생 내외는 바쁜 중에도 찬거리를 사서 날라다 주었고 어머니는 쉴 사이 없이 음식을 만들어 주셨다. 하지만, 그 정성을 조금도 넘길 수 없어 수저를 여러 번 들었다 놓았다 했다. 끝내 음식을 쓰레기통에 버리며 눈물을 흘리시던 어머니, 바라보기만 해도 나의 불효가 미웠다. 그래도 세계에서 의료기술을 자랑하는 병원에 거는 기대로 희망을 품었다. 몇 달의 항암 치료만 끝나면 건강을 되찾을 수 있으리라.

그런데 건강을 찾는 것도 인간의 몫이 아니었던가. 방광과 척추 사이에 종양이 다시 발견되었다. 또한, 그 종양이 있는 곳은 수술할 수 없다고 했다. 도저히 믿기지 않았다. 그러나 그것이 사실이라는 듯 얼마 후부터는 통증으로 한밤 내내 잠을 이룰 수 없었다. 걷기도 힘들어 매일 아침 유일하게 정원을 거니는 것조차 그만두었다. 시간이 지날수록 허리까지 아파서 꼬박 앉아서 밤을 새우기도 했다. 그런데 신은 위험한 고비에 부딪힐 때마다 언제나 예기치 않게 길을 열어 주었다. 불가능하다는 방사선 치료를 시작하면서 희망에 찼다. 그러나 또 치료가 끝날 즈음에 다시 위기가 왔다.

하나뿐인 신장마저 망가져 못 쓰게 되어 버릴 찰나였다. 생명을 이어갈 수 있는 길은 신장 형성 수술뿐이었다. 이럴 줄은 몰랐다. 존 홉킨스병원에 갈 때만 해도 서너 달 항암 치료만 하면 돌아갈 수 있을 줄 알았던 것이 헛된 꿈이 되고 말았다. 난 더 이상 죽음에 이르는 고통의 나날을 이어갈 자신이 없었다. 삶에 연연하기도 싫었다. 수술을 포기하고 정든 집에 돌아가고 싶었다.

동생 내외의 낙담과 애처로운 눈빛, 어머니의 슬픈 얼굴도 더는 마주하기 싫었다. 나는 어머니에게 아픔을 보이지 않으려 몰래 나무 숲에 몸을 숨기고 눈물을 닦았다. 남편은 매일 전화를 했다. 아내의 목소리를 확인하지 않으면 불안을 떨칠 수 없었던 모양이다. 군에 간 아들들의 편지는 그리움을 더했다.

"수술은 않겠다.", "해야 한다." 의사와 동생 내외의 설득에도 고집을 피웠다. 몇 날을 계속되던 실랑이는 기어코 남편을 허겁지겁 오게 했다. 참담한 통한의 아픔을 통해서 가족의 따스한 사랑을 더 크게 느꼈다. 두어 달 만에 본 남편의 눈시울은 젖어 있었다. 아마도 몰라보게 수척한 아내의 모습을 차마 볼 수 없었던 모양이다. 나는 그동안 남편이 없는 미국은 빈 거나 마찬가지였고, 그 공허는 아플수록 더 커졌다.

드디어 수술이 시작되었다. 두려움으로 몸이 떨렸다. 파란 눈의 간호사에게 떨리는 내 손을 맡긴 채 수술을 받았다. 피부색을 넘어 사랑의 온기는 고통을 희석해 주었다. 피부색이 다른 의사, 간호사는 항상 웃는 얼굴로 다정하게 사소한 것까지 설명하여 마음을 안정시켜주는 그들의 친절이 고마웠다.

남편은 20여 일을 함께 있는 동안 모진 아픔을 견디는 아내를 못내 애처로워했다. 그뿐인가. 병원에 다니며 生과 死의 갈림길을 지켜보며 마음을 졸였을 테니 이때처럼 남편의 손길이 고맙게 느껴진 적은 일찍이 없었다. 그는 어떤 방법으로든 아내를 살려야겠다는 투지에 불탔다. 직장일도 안중에 없는 듯했다. 나중에 안 일이지만 외국에 간 일로 징계를 당해야 했다. 촌각을 다투어야 하기에 상부의 결재를 기다릴 수 없었다고 했다. 후에 생명이 위급한 아내를 살리기 위한 일이었던 것이 알려지자 선처가 되기는 했지만….

아픔을 통하여 남편의 사랑에 감격했다. 죽음 앞에서는 인간이 자랑하는 모든 것들이 얼마나 공허하고 또 얼마나 사소한 것인가를 알게 해주었다. 또한, 당연하다고 여겼던 일상의 일들이 얼마나 감사한 것인지 깨달았다. 한 치의 앞도 몰라 허둥대는 순간 환하게 길을 열어 준 하나님께 감사를 드린다.

3

"go home."

이제 남편과 자녀가 있는 고국에 가서 치료해도 되겠다는 의사의 말이 떨어지기가 바쁘게 귀국수속을 밟았다. 오랫동안 나를 보살피느라 집안 분위기마저 어두워진 동생한테 고맙고 미안하던 터였다. 더는 폐를 끼치고 싶지 않았다.

거의 일 년 만에 돌아온 내 집은 천국 같았다. 손때가 묻은 살림들이 어찌 그리 다정하고 정겹던지 쓰다듬고 또 쓰다듬었다. 다시 볼 수 없을 거라고 여겼던 아들의 얼굴을 보니 세상을 다 얻은 듯했다. 아들들은 씩씩하고 의젓한 군인으로 변해 있었다. 내 그리운 고향의 산과 물, 냄새, 피부색이 같다는 것만으로도 그저 반가웠다. 문화가 다른 이국에서의 막연했던 불안과 외로움이 일시에 씻겨나갔다.

돌아오자마자 제일 먼저 새벽 기도회에 나갔다. 친정에 온 것마냥 포근하고 평안했다. 낯익은 골목과 교회의 구석구석, 아는 얼굴들 모든 것이 새롭고 반가웠다. 교우들이 내 이름을 안타깝게 부르면서 눈물로 기도하고 있었다. '이름을 잘못 들었나?' 귀를 의심했다. 아직 내 존재를 잊지 않고 기억하고 있다니 그저 고마워서 눈물이 흘렀다. 또 나를 아는 사람들이 곁으로 모여들었다. 그들은 내가 살아서 돌아왔다는 것이 기적이라는 듯 새삼스럽게 바라보고 손을 어루만지고 안아 주기도 했다. 호스피스 목사님은 일주일이 멀다고 집으로 찾아와 기도와 성경 말씀으로 위로해 주었다. 난 감격하여 주체할 수 없는 눈물을 흘렸다. 얼굴도 모르는 이들의 기도, 사랑의 힘으로 어려운 고비마다 길이 열렸었다는 것을 알았다. 지금까지 살아 있는 것은 의술이 아닌 기도와 사랑의 힘이었다.

감격도 잠시. 병원은 어디를 택할 것인가, 암 전문 의사는 어떻게 만날 것인가 마음이 분주했다. 내가 없는 사이에 우리나라에서도 큰 병원이 새로 생겼고 암에 대한 전문 종양내과까지 있었다. 이미 외국에서 경험을 쌓은 의사들을 초빙하여 환자를 받고 있던 터였다. 내가 만난 의사는 다년간 미국에 있었던 암 전문 여의사였다. 첫인상이 시골 아주머니처럼 수수하고 푸근한 인정미가 넘쳐 보였다. 그는 미국에서 가져온 내 차트를 찬찬히 들여다보았다. "그동안 고생 많이 하셨군요." 그 첫마디에 그동안 힘들었던 일들이 말끔히 씻기었다. 가슴이 떨리게 위로가 되었고 병을 고쳐 주리라는 신뢰가 생기니 기대에 찼다. 그는 항암 치료를 다시 시작하자고 했다. 나에게는 선택의 길이 없었다. 이미 하나님에게 맡긴 생명이라 여겨 순순히 따랐다.

항암 치료를 받는 동안 내 주변을 정리했다. '어쩌면 세상을 떠나갈지 모르는데 값진 옷이나 핸드백, 소중하다고 여긴 물건들이 무슨 소용이 있을 것인가. 필요한 이에게 나누어 주자.' 내가 떠난 후에는 쓰레기로 변하고 말 것을…. 지난날 더 많은 것을 소유하고 싶어 남편에게 불평하고 이웃과 끊임없이 비교하고 불만을 품었던 일들이 어리석게 여겨졌다.

실낱같은 희망을 안고 병원 가는 일이 나의 유일한 나들이였다. 일주일마다 남편의 어깨에 기대어 가는 동안 몇 번이고 "괜찮아?" 하고 묻는다. "힘들면 말해." 앉아 있기에도 버거운 아내를 배려하여 쉬는 시간을 갖으려는 것이다. "뭐 먹고 싶은 거 있어?" 직장에 나가서도 몇 차례씩 전화를 건다. 늦은 밤에 갑자기 아픔을 호소하면 약국을 찾아 몇 시간을 헤매기도 했다. 남편의 자상한 배려가 미안하고 고마웠다. 난 모든 것을 남편에게 의지했다.

그렇다고 육체의 고통이 사라지는 것은 아니었다. 밤낮없는 육체의 고통 때문이었을까, 나는 하나님에게 전적으로 의지하기 시작했다. 하루하루 성경을 읽고 테이프로 설교를 듣고 기도하는 동안 신기하게도 평안해졌다. 세상에 있는 모든 것들에서 놓여나 자유로웠고, 바라던 명예, 물욕들조차 사라졌다. 그리하여 한없이 낮아지고 겸손해졌다. 자신이 누린 하찮은 것들에 만족하여 감사가 끊임없이 샘솟았다. 무사안일하게 지냈던 지난날보다 비록 몸은 아파도 마음은 평안하고 행복감에 충만했다. 잔잔한 호수처럼 고요한 기쁨을 누리는 시간이었다.

십 년이라는 투병 기간에 한결같이 외롭지 않게 말동무가 되어 주었고, 어려운 일이 생길 때마다 시간을 같이한 이웃과 가족이 있어 감사했다. 사람의 마지막 순간에 가장 중요한 것은 내 옆에 있는 가족과 이웃이라는 것을 알았고, 또한 삶에서 그들의 사랑이 가장 아름답고 귀중하다는 것을 사무치게 느꼈다. 하여 하나님과 모든 이들의 사랑으로 병이 나을 거라는 믿음이 생겼다.

드디어 예정된 삼 년의 항암 치료가 끝났다. 의사는 6개월을 더 치료하자고 했지만 거부했다. 마음속에는 이미 암이 없어졌다는 강한 확신이 생겼기 때문이었다.

한 발자국도 떼놓지 못하는 동안 개나리와 진달래꽃이 피고 지는 줄도 모르던 세월은 지나갔다. 대지에 발을 내딛는 순간 나도 모르게 땅에 몸을 깊숙이 숙였다. '난 살았다.' 희열로 온몸이 떨렸다. 살포시 뺨을 스치는 공기가 싱그럽고 태양이 찬란하다. 생명이 있는 들풀이 얼마나 귀하고 사랑스러운지… 발밑에 있는 벌레도 밟지 않으려 조심하였다.

"오, 주여 감사합니다. 내 잔이 넘치나이다."

구수한 밥 냄새를 맡으니 입 안에 군침이 돈다. 변이 자연스럽게 나오고, 맛을 느낄 수 있는 미각이 살아났고, 현관 밖을 나가 외출하는 게 얼마 만이던가. 살아있음의 숨결이 너무도 달콤하고 의미 있는 것으로 다가온다. 거울에 비친 얼굴에 미소로 화답한다. 검고 까칠한 피부가 서서히 맑아지고 머리카락이 다시 나고 자란다. 내 본래의 모습으로 돌아오고 있었다.

몇 년 만에 장보기에 나섰다. 장사꾼들이 외쳐대는 떠들썩한 소리와 값을 깎아 달라고, 덤을 더 달라고 흥정하는 일들, 모든 것이 새롭고 생동감이 넘친다. 손에 전해진 장바구니 무게에서 식욕을 느끼고 생활의 활력을 얻는다. 가족이 맛있게 먹을 수 있는 음식을 만드는 일이 얼마나 큰 축복인가. 주부의 역할을 다시 하게 된 것이 뿌듯했다. 건강할 때 느끼지 못했던 사소한 것들이 더욱 나를 행복하게 했다.

투병기간은 유일한 참 빛을 찾아가는 멋진 시간이었다. 이제 덤으로 주어진 제2의 삶은 사랑의 빚을 갚는 일이다. 해서, 호스피스 봉사를 하려고 교육센터 문을 두드렸다. 오늘도 나처럼 암담한 고통으로 힘들어하는 암환자를 찾아 나선다. 그들에게 희망의 불씨를 심어 주고 잠시 아픔을 잊을 수 있기를 바라면서….

기적처럼 다시 세상에 태어난 감동에 목이 멘다.

꿈과 현실

영화는 꿈꾸는 현실이다.

나의 여고 시절에는 학생들의 극장 출입을 엄격하게 막았다. 선생님이 직접 극장 안에 들어와서 학생들을 적발해 내는가 하면, 적발된 학생은 며칠의 정학 처분을 받기도 했다. 나는 영화에 대한 흥미와 호기심을 잠재울 수 없어 두근거리는 가슴을 안고 영화를 보러 극장에 숨어들어 갔다. 금지된 것을 몰래 하는 것은 흥미와 긴장감이 있었다. 두 시간 동안 영화의 주인공이 되어 가슴 쓰린 사랑을 하기도 하고, 진한 감동으로 아름답고 진기한 영상의 세계로 모험을 떠나기도 한다. 그렇게 영화와 함께 웃고 울다가 엔딩 크레디트가 올라가 환하게 장내 불이 켜지면, 순간 마법에서 벗어나 현실의 나로 돌아오게 된다.

구청에 다니는 선배의 호의로 낙원동 삼류극장에 들어갈 수 있는 표를 손에 쥘 수 있었던 나는 당시 상영되는 영화는 거의 섭렵했다.

어머니는 아버지를 닮아 영화를 좋아한다고 혀를 끌끌 차며 못마땅해했다. 영화를 보는 횟수가 잦아질수록 배우 이름은 물론이고 영화의 줄거리를 다 외우다시피 했다. 그것은 자랑이었고, 영화이야기를 급우에게 해주는 일로 바쁜 나날을 보냈다. 하지만 나는 한 번도 배우가 되고 싶다는 생각은 하지 않았다. 내 얼굴이 예쁘거나 매력적이지 않다는 것을 알기 때문이었다. 나는 기품 있는 미모의 그레이스 켈리나 성격배우인 율 브리너를 좋아했다. 남모르게 마음속으로 흠모하기도 했다.

감성이 풍부한 여고생에게 영화는 깊고 긴 여운으로 마음에 남았다. 영화가 끝나고 환하게 조명이 켜질 때는 눈물 콧물로 범벅이었던 내가 갑자기 발가벗겨져 땡볕 아래로 내던져진 느낌이었고, 퉁퉁 부은 얼굴을 누가 볼세라 주책없는 나를 탓하며 극장을 나섰었다. 당시 영화는 서정적이고 감격적이라 진한 감동으로 눈물범벅이기 일쑤였다. 비록 영화를 보고 나서 웃고 울다가 만 것이지만 나에게는 깊고 긴 여운으로 마음에 남았다. 그뿐 아니라 영화는 사춘기 시절 불확실한 장래에 대한 어두웠던 현실도피였다.

나는 늘 영화의 주인공처럼 살기를 갈망했다. 멋진 정원과 수영장이 딸린 아름다운 이층집에서 배우들이 입는 드레스를 걸치고 화려한 파티를 꿈꾸었다. 그 꿈을 이루려면 자기가 자란 가난한 나라의 울타리를 뛰어넘고 싶었다. 울타리 밖의 아름다운 세계로의 동경은 나날이 커갔다. 누더기 같은 생활을 벗어난 신분 상승의 길은 오로지 선진국에서의 배움이 첩경이라 생각했다.

미국사람에게 영어회화를 개인지도 받으며 부의 나라를 향한 갈망과 의지는 커갔지만, 현실에서는 도무지 길이 보이지 않았다. 천사의 손길은 끝내 나를 외면했다. 부모나 친지는 물론 그 길을 열어 줄 사람은 아무도 없었다. 나는 희망에서 좌절로 암울한 나날을 보냈다.

십여 년 후, 폐허에서 탈출하려는 많은 사람 속에 섞여 아메리카 드림을 이루려 동생들은 하나하나 고국을 떠났다. 정작 내가 먼저 가고 싶었던 꿈의 나라였지만 결혼이라는 멍에가 걸림돌이 되어 가지 못했다. 나는 이미 며느리와 아내의 자리를 팽개치고 홀로 나설 용기를 잃은 후였다. 시어머니와 남편, 시집 식구를 떨쳐내고 떠날 수 없었고, 현모양처라는 것에 길들어 있었다. 이미 직장인으로 일에 대한 사명감까지 느낀 터라 모든 것을 송두리째 놓고 가기를 주저했다.

그리고는 몇 년 후, 드디어 꿈에 그리던 미국에 발을 들여놓게 되었다. 동생들의 따뜻한 환영 속에 안내된 집은 영화 속에서 본 숲으로 둘러싸인 아름다운 이층집이었다. 나의 꿈을 대신 이루어 준 동생이 한없이 대견했다. 하지만 풍요의 나라, 그 아름다운 나라에서 인간의 기본적인 삶을 영위하려고 공포와 두려움과 싸우고 있는 이민자들의 모습을 보았다. 그들은 생계를 위해서 장사를 하거나 막노동을 했다. 흑인들이 겨누는 총 앞에서 늘 생명의 위협을 받았고, 욕망과 좌절로 한숨짓는 일이 반복되었다. 나는 그런 현실이 너무 황당하여 어이가 없었다. 내가 꿈꾸었던 호화로운 파티는 어디에서도 찾아볼 수 없었다. 사람이 사는 곳은 파라다이스만이 존재하는 것이 아니라는 사실과 함께 현실을 직시하게 되었다.

더 좋은 환경에서 자식들을 교육하겠다는 일념으로 고국을 떠났던 이들은 이제 황혼이 되었다. 그들은 자식들이 원하는 것, 꿈을 펼칠 수 있게 자신들이 줄 수 있는 모든 것을 주었고 희생을 감수했다. 맘껏 교육을 받은 자녀는 이제 미국사람이 되어 사회에서 우뚝 솟은 존재가 되었다. 하지만, 자식들이 크면서 언어소통이 불편하고, 문화적 마찰로 심기가 편치 않은 경우가 종종 생기기도 했다. 미국화가 되어 버린 자녀는 한국의 정서를 이해 못 한다. 더욱이 자녀의 교육을 위하여 사랑의 매를 든 부모를 고소하는 일까지 생기는 일도 있다.

그래도 그들은 희망을 잃지 않고 눈물과 용기를 갖고 열심히 일한 덕분에 끝내 아메리칸 드림을 이루었다. 그 꿈은 많은 인내와 시련의 시간을 거쳐 이루어 낸 결과였다. 적어도 동생들은 피나는 노력과 초인적인 인내로 24시간을 그 배로 살아왔으니 존경스럽다.

무심하게 지낸 세월에서 무엇 하나 내세울 것은 없어도 성실하고 정직하게 살아온 내 삶을 되돌아본다. 나는 그들과 견주어 본다면 그들만은 못하지만 내 작은 꿈을 이루었다고 여긴다. 풀 향기같이 평범하고도 지극히 안일한 삶을 사랑하고 있다는 것을 깨달은 건, 나이를 먹고 긴 세월이 지난 후였다.

잡초 四得

나는 날마다 잡초와 싸우는 어설픈 새내기 농사꾼이다. 잡풀만 없다면 푸성귀를 가꾸는 재미가 훨씬 더하련만, 며칠만 비워도 풀밭으로 변해 버리는 통에 번번이 골탕을 먹는다. 모조리 뜯고 뽑아서 짓밟아 버려도 어느새 다시 살아나 내 화를 돋운다. 숨 막혀 죽으라고 비닐로 덮어 버렸는데도 더 싱싱하게 살아서 고추 모종 사이로 고개를 쳐드니 어처구니없다.

지난 여름이었다. 억수 같은 비가 연일 쏟아졌다. 비 오는 날이 더할수록 조바심이 났다. 잡초들을 뽑아내고 겨우 가꾸어 놓은 채소밭이 비에 씻겨 내려갈까 봐 염려되어서다. 이제나저제나 비 그치기만을 기다리던 나는 결국 우비를 입고 나서고 말았다. 아니나 다를까, 벌건 흙탕물이 밭도랑을 타고 콸콸 쏟아져 내려간다. 애써 씨앗을 뿌리고 싹을 틔웠던 작물들도 흔적 없이 사라졌다. 봄부터 이 여름까지, 뜨거운 땡볕에서 잡초와 싸웠던 수고가 물거품이 되어 버렸다.

드디어 비가 그쳤다. 이내 해가 쨍쨍 내리쬐기는 했지만, 아직 질척거릴 터였다. 긴 소매에 긴 바지, 챙 넓은 모자에 장갑, 알록달록한 장화까지 단단히 무장을 하고 밭으로 갔다. 그런데 이게 웬일인가. 내 밭이 온데간데없었다. 큰 비에 어린 채소가 멀쩡했기를 바란 것이 아니다. 벌건 흙만 남아 있을 줄 알았는데 초록이 무성했다. 엉뚱한 풀밭으로 변해 있었던 것이다.

땅 위의 모든 것을 휩쓸어 갈 정도로 세차게 퍼붓는 빗줄기 속에서, 잡풀은 오히려 수분을 얻고 왕성한 힘으로 번성했다. 자기 세상인 양 마음껏 활개를 치고 쑥 자랐다. 줄기뿐만이 아니다. 뿌리 또한 깊이 박혀서 힘껏 당겨도 쉽게 뽑히지 않았다. 비바람을 견디느라 뿌리를 더욱 단단히 박고 있었던 것이다. 뽑아내려고 잡아당기다가 도리어 내 몸이 뒤로 나동그라지고 말았다.

잡초와 씨름하며 흘린 땀방울이 어쩌면 연일 퍼붓던 비만큼은 되지 않을까 싶다. 쉴 새 없이 올라오는 풀을 모두 뽑아내고 새로 씨앗을 뿌렸다. 다행스럽게도 금방 싹이 돋았다. 그러나 안심할 수 없다. 채소 싹은 잡풀처럼 강하지 않아 늘 손길이 있어야 한다. 정성을 들여도 그리 잘 자라지 않는 일도 있다. 자리만 바꿔도 몸살을 앓거나 혹은 사라져 버리기도 하여 항상 마음이 쓰인다. 부실한 자식같이 안쓰럽다.

그렇게 애면글면 키웠건만 야채는 보이지도 않는다. 말끔했던 밭이 불과 며칠 만에 다시 잡풀로 뒤덮여 버렸기 때문이다. 그렇다고 함부로 뽑을 수도 없다. 풀과 함께 여린 채소까지 뽑히기 십상이기 때문이다. 조심스럽게 하나씩 뜯어낼 수밖에 없다. 뽑아 낸 잡초는 그래도 살아남는다. 온갖 역경에도 수그러들 줄 모르는, 그런 끈질긴 생명력과 강인함이 부럽다. 어디서든지 뿌리를 내려 주인이 되고, 또 그 지경을 넓혀가는 왕성한 힘이 부럽다.

아름답고 깔끔한 밭을 가꾸려면 끝없이 잡초와 싸워야 한다. 땅이 넓을수록 더 많은 잡초에 시달린다. 나는 매년, 씨앗을 뿌리는 봄철에는 더 넓은 땅을 욕심내곤 한다. 하지만, 뽑아도 끊임없이 돋아나는 잡초와 싸우다 보면 이내 후회하게 된다. 그래도 깨끗이 정리된 밭이랑을 바라보는 흐뭇함은 아무나 맛볼 수 없는 일이다. 주체할 수 없이 흐르는 땀으로 옷이 젖지만, 기분은 상쾌하다. 풀 속에서 고생하던 일을 까마득히 잊게 한다. 굳이 운동을 따로 하지 않아도, 기분 좋은 노동에서 나는 건강을 얻는다.

풀들은 생김새도 각기 다르다. 잎도 키도 다르다. 땅에 붙어 있는 것이 있는가 하면 하늘에 닿을 듯이 키가 크게 자라서 작은 것들을 아예 그늘로 덮어 버리는 것도 있고, 줄기를 뻗어 넝쿨로 다른 것들을 감고 자라는 것도 있다. 종류도 가지가지다. 그렇게 모습이 서로 다른 풀들과 서로 어우러져 정답게 잘 살아간다. 사람들이 배워야 할 덕목이다.

잡초는 인위적이지 않다. 농약이나 비료를 주지 않은 무공해다. 참비름처럼 자연 그대로 우리 식탁에 오르기도 하고, 애기똥풀처럼 건강을 지켜 주는 생약성분으로 쓰이기도 한다. 동물의 사료가 되기도 하고 땅을 거름지게 하는 역할도 한다. 이름도 잘 알려지지 않은 하찮은 풀들이지만 그 나름으로는 보람 있는 삶을 산다.

날마다 잡초와 씨름하는 사이, 좀체 물러갈 것 같지 않던 더위도 한풀 꺾였다. 어느새 붉은 여뀌꽃이 밭두렁에 피기 시작했다. 눈을 돌리는 곳마다, 희거나 붉거나 또는 노란 꽃들이 무리지어 피었다. 얼마나 예쁜지 정원에 피어 있는 꽃을 무색하게 한다. 하나는 뽑고, 또 다른 하나는 뽑히지 않으려고 서로 다투던 사이이건만 보잘것없는 풀꽃 하나에 온갖 시름을 잊는다. 공들여 키운 꽃보다 더 정이 간다. 작은 씨앗 하나가 땅에 떨어져 꽃을 피우기까지, 얼마나 힘들고 외로웠을까. 소박한 작은 풀꽃에 깊은 감동을 받는다.

밭에 난 풀은 사랑을 받기는커녕 미움을 산다. 그러나 내 채소밭을 엉망으로 만드는 잡풀이건만 꼭 밉기만 한 건 아니다. 넓은 들판을 보라. 풀은 초록빛으로 우리 삶을 더욱 싱그럽고 풍요롭게 한다.

무리지어 피어 있는 꽃들을 보라. 척박한 땅을 터전으로 삼고 살아가지만 청초한 꽃을 피워 우리 마음을 따뜻하게 한다. 스스로 자기 소임을 다하는 모습이 숙연해지기까지 하다.

잡초와 씨름하는 동안 얻은 것이 많다. 질기고 강한 생명력, 우리에게 생약이나 먹을거리로 생명을 이어가게 하고, 잡풀을 뽑는 동안 과욕을 반성하게 하고, 건강을 주기도 한다.

'내년에는 아예 밭 한 두렁을 풀밭으로 놓아둘까?' 나는 어설픈 농군임이 틀림없다.

삶의 끝

산에는 무덤이 빼곡히 들어차 있다. 많은 상처를, 혹은 화려함을 뒤로 한 채 떠난 이들이 묻혀 있었다.

어느 봄날 친구는 살아서 타보지 못한 캐딜락을 타고 앞산이 발아래 내려다보이는 곳으로 왔다. 넉넉한 경제력과 자랑스러운 자녀, 남편의 지극한 사랑을 받은 그녀는 많은 이들의 부러움을 샀다. 막내인 그녀는 언니에게 응석을 부리고 형제들의 사랑을 독차지하며 살았다. 미국에서 급히 온 언니들이 "어린 네가 어떻게 우리를 두고 가니?" 하며 갑작스레 다가온 동생의 죽음이 믿기지 않은 듯 울부짖고 있었다.

친구 남편은 아내가 잠을 자다 숨을 거뒀다고 했다. 그는 부음을 전하는 것이 민망스러운 듯 조심스럽게 작은 소리로 말했다. 듣는 순간 믿기지 않았다. 어찌 그럴 수가…. 나는 급히 친구들에게 부음을 알리고 황망히 영안실로 가는 동안 내내 그녀와 함께한 시간이 떠올라 마음의 갈피를 잡지 못했다. 나는 무료하거나 허전하고 특히 공복일 때는 으레 그녀 집을 찾곤 했다. 늘 넉넉한 웃음과 정겨운 몸짓, 구수한 손맛 때문이었을까, 아니면 그녀만이 가진 마력 같은 것을 지니고 있었기 때문이었을까. 그녀 집에는 언제나 사람들이 북적대고 있었다.

그런 그녀가 갑자기 어지럽다며 한의원과 대학병원들을 전전하더니 외출도 못하게 되었다. 더욱이 고칠 수 없는 병이라는 것을 알고는 절규했다. 시간이 갈수록 몸을 움직일 수 없게 되자 아예 낙담했다. 수척한 몸뚱이 하나 곧추세울 수 없는 그녀는 자신의 모습을 남에게 보이기 싫어했다. 해서 찾아오는 친구들마저 문을 열어 주지 않았다. 그래도 찾아가 보았어야 했는데….

어수선한 장례식장에는 남편과 자녀가 슬퍼하는 모습이 애잔했고, 금방이라도 쓰러질 듯한 막내딸의 모습은 차마 눈 뜨고 볼 수 없었다. 꽃에 싸인 영정은 앳된 그녀가 고운 한복을 입고 행복하다는 듯 활짝 웃고 있다. 언제 적 모습일까? 이제 보고 싶어도 다시 볼 수 없는 얼굴이다. 잊지 않았으면 싶어 그 앞에 한참을 서 있었다. 그녀는 자신의 죽음을 미리 예측이라도 했었는지. 잠자는 듯 평화롭게 갔다는데, 그렇다면 자녀나 남편에게 마지막에 어떤 말을 했을까 궁금했다.

나를 만날 때마다 언제나 눈물을 주르륵 흘리며 "너는 건강해져서 좋겠다"라고 못내 부러워했던 친구였다. 조문하고 돌아오는 길에 장지에 가자는 제의에 친구들은 뜨악해했다. 새벽길에 나서는 일이 수월하지 않고 바쁜 일정에 쫓겨 하루의 시간을 내기가 어렵다는 것을 미루어 알지만, 무언가 배신감 같은 그런 서운한 마음이 들었다. 진정한 우정으로 간곡히 같이 가기를 권했다.

나는 결혼식보다는 초상집에 가기를 더 챙긴다. 죽은 자의 삶의 발자취에서 많은 것을 배우고 깨달음을 얻기 때문이다. 삶의 끝인 죽음 앞에서 나를 비춰 보고 앞으로 살아갈 날을 헤아리고, 남은 삶을 더 노력하려는 마음이 생긴다. 살아 있음의 의미와 많은 생각으로 진지해지기도 하여 좀 더 보람 있게 살아야겠다는 강렬한 욕구가 생긴다. 또 미처 깨닫지 못했던 평범하고 작은 것들, 가족의 소중함을 다시금 느낀다. 그것은 삶의 끝인 죽음 앞에서 자신의 뒤를 돌아보며 진지해질 수 있어서이다.

혈기 왕성한 시절에 나는 입버릇처럼 굵고 짧게 살겠다고 호언장담했었다. 병들어 침상에 누운 채 가족들만 못살게 굴다 죽는 죽음을 멸시했다. 그러나 얼마나 어리석은 호언인가. 병상에서 외롭고 고통스러운 죽음을 맞이하는 것이 얼마나 고독하고 무서운 것인가. 그런 죽음을 원하는 사람들은 아무도 없다. 사람들은 멋있게 명분 있는 죽음을 원한다. 나라를 위하여 전쟁터에 나가서 충성을 다하다 맞이하는 죽음. 그러나 자신의 의사와는 관계없이 길 가다 벼락에 맞아서 죽거나, 비 오는 날 전기 감전사로, 또는 난데없이 날아오는 돌에 맞아서, 길을 걸어가다 갑자기 차가 인도를 덮쳐…. 이처럼 셀 수 없는 비명횡사非命橫死도 많다.

교포 청년이 할머니의 돈을 소매치기한 범인과 격투하다 생명을 잃었다고, TV에서는 청년의 의협심을 칭송하고 죽음을 애도하고 있다.

나는 한때 뜻하지 않게 갑자기 찾아온 삶과 죽음의 갈림길에 서 있던 적이 있었다. 살아온 뒤안길을 더듬으며, 지난 일의 후회와 못다 한 일을 이루고 싶은 욕구로 몸부림쳤었다. 때때로 '지금 죽는다면 후회하지 않겠는가?' 라고 자신에 묻곤 한다.

인간에게 삶의 끝은 죽음이다. 삶이란 끝 자락에 죽음이 맞닿는 것이고 죽음과 삶이 한 길인 것을, 한 길을 깨달으면 일부러 내 안의 죽음을 피하지 않고 담담하게 직시할 수 있다. 우리는 날마다 타인의 죽음을 바라보며 살아간다. 가깝게는 부모와 자식, 이웃, 친구 등의 죽음으로 생명의 실체를 본다. 기독교에서는 죽음이란 없어지는 것이 아니라 영혼이 세상을 떠나 본향으로 자리만 바꾼다고 한다. 그래서 부모나 형제를 다시 천국에서 만난다고 믿는다. 그리하여 보낼 때에 눈물을 보이지 않고 평안한 마음으로 떠나보내려 한다.

전 세계의 정신적 지주인 교황은 마지막 메시지로 "나는 행복합니다. 그대들도 행복하게 지내시오. 울지 말고 함께 기쁘게 기도합시다"라는 말을 남겼다. 고통 중에도 행복했다는 마음은 믿음의 은총일 것이다. 나도 마지막 가는 길, 죽음 앞에서 평화로운 마음, 의지적인 것이 아닌 깊은 내면에서 올라오는 물과 같이 고이는 그런 감정이었으면 좋겠다.

불현듯 그녀가 보고 싶어진다. 금방이라도 달려가면 현관문을 열고, 내 손을 잡아 이끌 듯 손끝을 타고 오는 보드라운 감촉이 아직도 남아 있는 것 같다. 눈이 크고, 뒤뚱거리며 오리걸음을 걷던 그녀는 이 세상에 없다. 보고 싶어도 만지고 싶어도 그리움만 남을 뿐, 삶의 끝은 아무도 예측할 수 없다.

슬퍼하지 말자. 떠난 이가 어디 그 친구뿐이랴. 세상에 있는 모든 것이 태어나서 살다가 떠나는 것을…. 누구나 한번은 겪는 삶의 끄트머리인 것을.

지금, 그 아이들은

'이쯤인 것 같은데, 분명히 여기쯤인데.'

모처럼 나왔더니 어디가 어딘지 가늠할 수 없다. 물론 도심을 벗어난 외곽에서 살다 보니 서울 한복판에 나올 일도 없었거니와 오랜 투병 탓에 멀리 나다니는 것을 싫어해서 거의 발길을 끊다시피 살기는 했다. 그래도 그렇지, 이토록 변할 수 있단 말인가. 모임이 있어 나온 김에, 예전에 근무했던 학교 주변을 돌아보려 했건만 영 낯설다. 국보 1호인 남대문은 옛 모습 그대로인데 아침저녁으로 4년 반이나 드나들던 순화동의 옛 모습은 찾을 수가 없다. 수많은 현대식 빌딩들만이 하늘을 찌를 듯이 서 있을 뿐이다. 나는 눈을 감고 사라져 버린 학교를 떠올렸다.

남대문국민학교, 첫 발령이었다. 남대문을 뒤로한 채로 이발소를 지나고 문방구를 지나면 교문이었다. 야트막한 언덕에 자리 잡은 학교는 운동장이 꽤 넓었다. 교무실 문을 열고 들어서니 칠판에 '환영, 강태홍 선생님' 이라고 쓰여 있었다. 여교사보다 남자교사 수가 적다 보니 빈번하게 숙직을 해야 했던 기혼남 교사들의 실망하는 모습과 오히려 눈빛이 반짝이던 미혼남 교사들의 모습이다. 남자로 오해하기 십상인 내 이름 때문에 벌어진 해프닝이다. 반백의 인자한 교장선생님, 작은 체구의 눈을 반짝 빛내며 내 마음을 읽으려 했던 교감선생님, 항상 따뜻한 배려와 가르침으로 사회 초년생에게 용기와 힘을 실어 주었던 선배 선생님…. 모두 건강하게 살아 계시는지 뵙고 싶다.

아이들도 보고 싶다. 하교지도를 하느라 날마다 차가 다니는 큰길까지 줄을 세워나갔던 그 아이들이 보고 싶다. 엄마가 산부인과 의사였고 똑똑하고 공부를 잘해서 언제나 학급을 잘 이끌었던 순희, 어눌하지만 착한 아이였던 여인숙집 딸 영희, 여자 아이들의 치마를 들치며 짓궂게 굴었던 수만이, 수업시간에도 한자리에 앉아 있지 못하고 교실을 휘젓고 다니던 영철이, 담임의 사랑을 독차지하려고 내 주위를 맴돌던 정희…. 하나하나 아이들의 모습을 떠올리다 보니 입가에 웃음이 절로 번진다. '아, 진수.' 그 아이 생각도 났다.

오전 수업 내내 꼼짝 않고 앉아 있던 아이들은 점심때가 되자마자 고삐 풀린 망아지같이 뛰어다녔다. 그러다 갑자기 '쿵' 하는 소리가 나면서 아이들이 일제히 선생님을 다급하게 불렀다. 놀라서 돌아다봤더니 하반신을 쓰지 못하는 진수가 바닥에 널브러져 있었다. 어떤 말썽꾸러기가 진수의 도시락을 진수 무릎 위에 엎은 모양이었다. 그 바람에 진수는 도시락과 함께 교실바닥으로 나뒹굴었고 아이들은 잔뜩 겁에 질려 있었다. 날마다 교실 문 앞에 앉아서 진수를 보살피던 아이 엄마가 잠시 자리를 비운다고 내게 부탁까지 했었는데 그새 일이 벌어진 것이다. 나는 정신이 아뜩했다. 얼마나 정신이 없었는지 뒷수습을 하고 나서야 옷이 땀으로 범벅인 걸 알 정도였다.

'도시락' 하면 난로부터 생각난다. 추운 겨울이 되면 교실 중앙에 양철로 연통을 단 난로를 설치했다. 아이들이 등교하기 전에 조개탄이 빨갛게 타오르게 하려면 일찍 출근해야만 했다. 조개탄에 불을 붙이려면 먼저 나뭇가지를 넣고 종이로 불쏘시개를 만들어 불을 붙여야 한다. 나뭇가지가 활활 잘 타오르면 그제야 조개탄을 조금씩 넣어 불을 붙여야 하는데 이 일이 만만치 않다. 쉽게 꺼지고 연기가 나서 눈물 콧물로 범벅되기 일쑤였다. 그런 담임이 안쓰러웠던지 아이들이 도와주곤 했는데 축구를 잘하는 영식이는 키도 크지만 어른스러워서 무거운 조개탄을 날라다 주었고 여자애들은 불쏘시개용 종이를 안아다 주었다. 난로가 서서히 달아오르면 아이들은 양은도시락을 꺼내서 난로 옆에 차곡차곡 쌓았다. 수업을 하다 보면 난로 옆에 놓아둔 도시락에서 김이 무럭무럭 났다. 드디어 점심때가 된 것이다.

도시락 먹는 시간을 제일 즐거워하는 아이들이다. 반찬이라고는 계란말이와 콩자반, 아니면 벌건 국물이 흐르는 김치 조각이 전부였지만 도시락을 먹으러 학교에 온 아이들처럼 웃고 떠들고 좋아한다. 서로 반찬을 나누어 먹기도 하지만 남자애들은 반찬 사냥을 하기도 하고 여자애들은 빼앗기지 않으려고 도시락 뚜껑을 닫으며 선생님한테 이르고 수선을 피우기도 한다. 그래서 웃음소리가 요란한 시간이다. 나도 그런 시간이 좋다. 혼식을 장려한다는 명분 아래 도시락 검사를 하면서 나는 밥보다 아이들이 싸온 반찬에 더 관심을 두었다. 가정형편이 어려운 아이들을 파악해서 관심을 기울일 좋은 기회였기 때문이다. 나는 그들을 방과 후에 따로 남겨서 부족한 공부를 보충해주고는 했다.

처음 교편을 잡았던 나는 매사에 의욕적이었다. 중학교에 가려면 시험을 보아 성적순으로 들어갔다. 그때의 부모나 아이들의 목표는 K 중학이었다. 지금의 대학입시보다도 더 치열했었다. 한 과목이 끝날 때마다 시험연습이 반복되었고 교무실에는 각반의 일제고사 성적이 막대그래프로 표시되었다. 교장선생님이나 학부형 모두의 바람은 오직 점수를 올리는 것뿐이었다. 나는 방과 후에 학습이 떨어지는 아이들을 모아 개별지도를 하다 아예 학부형 집 방 한 칸을 얻어 지도했다. 날마다 시험을 치렀다. 지금처럼 인쇄기술이 발달하기나 했던가. 밤을 새워가며 등사 원지를 긁고 한 장 한 장 등사판을 밀어서 만든 시험지였다. 그러면서도 힘든 줄 몰랐다. 오직 백 점짜리를 만들고자 시험을 보고 또 보았다. 지금 생각해 보니, 개별적인 사랑보다는 백 점을 만들고자 많은 노력을 불사했던 것 같다. 오직 일제고사에서 일등을 하려는…. 그때 그 아이들에게 미안하다.

아이들한테 미안한 일이 또 있다. 아니 고마운 일이다. 한여름이었는데 선풍기도 없던 시절이었다. 우리 반만 해도 팔십여 명이나 되어서 땀이 줄줄 흐르는데 옆 반 선생님의 산후휴가로 아이들을 나누어 받아서 무려 백 명이 넘었다. 교실 안은 찜통이었다. 발 디딜 틈도 없이 책상을 붙여놓아서 아이들은 책상 위를 껑충거리며 다녀야 했고 책이나 공책이 발로 밟혀서 찢어지는 일도 다반사였다. 숙제 검사라도 할라 치면 아이들의 공책을 릴레이식으로 넘겨받아야 했다. 그래도 아이들은 불평 없이 잘 참아 주었다. 오히려 더 열심히 공부해 주었으니 고마운 일이 아닐 수 없다.

지금 그 아이들은 어디서 어떻게 살아가고 있을까. 소식이 궁금하다. 이제 중년의 나이로 사회의 중심인물들이 다 되었을 우리 아이들, 비록 학교는 사라졌지만, 우리 아이들은 저 빌딩보다 더 멋진 모습으로 우뚝 서 있으리라고 믿어 마지않는다.

처음과 다르게, 돌아서는 발걸음이 가벼움을 느낀다.

아름다운 배려

태백에 가는 날이다. 여행은 항상 나를 설레게 한다.

누군가 장거리 운전을 해야 할 터인데, 나이 들어 장시간 운전을 하기는 어려운 일이라서 걱정이었다. 운전해 줄 사람이 필요했다. 그런데 마침 햇살 좋은 날, 우리를 돕겠다고 나선 이가 있었다.

같은 교인이라는 것만 알 뿐, 얼굴도 이름도 모르고, 믿음의 형제라는 것만 알고 기다리고 있는데 그가 나타났다. 약속된 장소에 차를 세워놓고 우리에게 정중히 인사를 한다. 겸손이 몸에 배어 있는 그의 태도로 보아 형식적인 인사가 아님을 알았다. 운전도 편하게 하고, 조금도 서두르지 않는다. 아내가 음료수와 간식까지 준비해 주었다고 은근히 자랑이다. 그러면서도 그는 수줍어했다.

굽이굽이 휘도는 여름의 산천은 태고의 원시림을 떠오르게 한다. 우리나라의 강산도 외국의 산천 못지않게 아름답게 느꼈다. 운전하는 중에도 그 고장에 대한 설명을 해주었다. 곳곳에 담긴 이야기는 귀를 쫑긋하게 재미있었고 간간이 섞은 유머는 한층 분위기를 살려 우리는 마냥 웃느라 즐거웠다. 조금이라도 더 즐겁고 유익한 여행이 되도록 하는 배려가 눈에 보인다.

관광지마다 우리에게 이래라저래라 포즈를 주문해가며 사진 촬영도 해 주었다. 재래시장으로 안내하여 특산물도 소개해 주고, 좋은 물건들을 골라 주기까지 했다. 게다가 어느 사이에 맛있는 식당까지 찾아 예약했단다. 그의 자상하고 친절한 배려에 우린 몸 둘 바를 모르게 고마워했다. 매운탕을 맛있게 먹자 그는 식당주인을 소개하기도 하고, 식당주인은 인심 좋게 음료수와 덤으로 다른 음식까지 내 놓았다. 배도 부르고 후한 인심까지 받은 우린 행복했다.

밥을 먹고 나서 식대를 내려니 이미 그가 냈다는 것이다. 휘발유 값과 통행료도 받지 않아 미안했던 터에, 점심값마저 그가 내고 보니 황당한 마음이었다. 고마운 마음을 넘어 어리둥절하기까지 했다. 도저히 이해하기 어려운 친절이었다. 휘발유 값이라도 받으라며 부탁하자 장에서 산 오징어 한두 마리만 달란다. 그의 호의를 우리가 너무 부담스러워하자 마침내 자신의 속내를 털어놓았다.

그는 몇 년 전 사업에 실패했다. 은행에 많은 융자를 내어 차린 사업이 하루아침에 망하자 나락으로 떨어지는 마음을 추스를 수 없었다는 것이다. 사업의 실패로 물질을 잃었고 주변 사람들에게 신뢰도 잃었다. 그런데 힘을 얻는 일이 생겼다. 이웃에게 작은 도움을 주었더니 예상치 않은 기쁨이 샘솟더란다. 그는 얼마나 기뻤는지 그 어둡던 마음이 다 씻기어졌단다.

작은 배려로 해서 기뻐하는 모습을 보면 행복하고 보람을 느낀다고 했다. 더욱이 물질이나 시간을 주고 나면 생각지도 않게 보이지 않는 곳에서 더 좋은 것으로 되돌아온다고 활짝 웃는다. 욕심을 버리고 은행 빚을 천천히 갚으면 된다며 환한 얼굴이다.

알고 보니 그는 이미 아무도 모르게 많은 이를 돕고 있었다. 새벽 기도에 참석한 교인들을 위해 먹을거리를 챙기고, 노인정을 찾아 간식을 나누어 주기도 했다. 은행 빚을 지고 있는 사람이 무슨 돈이 있어서 그렇게 베푸는지 의문스럽겠지만, 그의 뒤에는 그와 뜻을 함께하는 이들이 있기에 쉼 없이 도움이 필요한 곳을 찾고, 또 베풀 수 있다고 했다.

그는 잃어버린 재물을 되찾고자 발버둥치지 않았다. 도리어 모든 것을 털고 누구에게든 정성과 사랑으로 봉사하며 시름을 잊고 기쁨을 찾았다.

아름다운 곳에서 아름다운 마음을 품은 이를 만난 것이 행운이었다. 나는 하나님께 기도했다. 나도 그와 같은 아름다운 마음으로 이웃에게 기쁨의 꽃이 되어 평화를 주는 사람이 되게 해 달라고.

그리하면 세상이 조금씩 밝아질 것이다. 기쁨이나 슬픔은 전염된다. 모든 이들이 함께 즐거울 수 있다면 더 무엇을 바랄까. 세상에는 자기만을 챙기는 사람보다 남을 배려하는 사람이 훨씬 많다는 것을 알았다. 배려는 모두를 행복하게 했다. 서로 사랑의 마음이 전달될 때 우리는 행복해진다.

누군가에게 관심을 기울이고 사랑하는 마음을 갖는 순간 그것은 내 가슴에 다시 돌아와 나를 행복하게 하고 또다시 사랑할 힘을 준다. 사랑을 주었을 때의 기쁨은 무엇과 비교할 수 없는 뜨거운 감동으로 되돌아온다. 그는 어쩌면 굴곡과 좌절을 겪었기에 남을 배려하고 위할 수 있는 마음을 갖게 되고, 또 스스로 행복을 창조하는 사람이 되었는가 보다.

물질을 베푸는 것은 얼핏 경제적 손실로 보이지만 나간 것보다 더 큰 것으로 돌아오는 경우가 많다. 베풀 때의 만족감과 그 물질이 가는 곳에서 성취될 것을 생각해 보면 알 수 있다. 부끄럽게도 마음만 있었지 실행에 옮기지 못했지만, 이제부터라도 남을 먼저 배려하고 베푸는 생활을 해야겠다.

끈질긴 생명의 끈

'폐암 전이 뇌종양 64세 남자'

명단을 받아들고 한 번도 가 보지 않았던 동네를 찾아 나섰다. 몇 번씩 물어가며 주차장을 몇 바퀴 돌아서 찾은 집은 현관부터 꽃향기로 가득한 집이었다. 반갑게 맞아 준 여인은 환자의 부인이라 여겨지지 않을 만큼 젊고 발랄했다. 달콤하고 경쾌한 목소리, 환한 미소, 애교가 담뿍 담긴 얼굴이 첫눈에 들었다. 그녀의 안내에 따라 들어간 집안은 잔잔한 음악이 흐르고, 싱싱한 관엽 식물과 요염한 꽃으로 사뭇 화사한 분위기를 자아냈다. 어느 외국 가정에 초대받은 것 같은 느낌을 받을 만큼 집은 이국적이었다. 환자의 가정은 대개 어둡고 무거운 분위기임에도 이렇듯 밝은 것이 오히려 내게 낯설었다. 남편의 병으로 일상의 모든 것이 불행하다는 느낌이 하나도 들지 않고 오히려 행복해 보였다. 그녀를 그토록 밝고 행복하게 만든 건 무엇이었을까? 과거의 아름답던 사랑, 아니면 남편에 대한 아름다운 기억이 기쁨이 된 것일까. 그녀는 단지 잠시 외출만 할 수 있다면 환자를 보살피는 건 그리 어려운 일이 아니라고 했다.

그녀는 환자가 있는 곳으로 안내했다. 남편은 넓은 거실 가운데 동그마니 누워 있었다. 인사를 하자 하얀 얼굴에 천진한 미소를 머금고 우리를 눈으로 맞이한다. 현대 의학으로도 치료할 수 없는 병을 가진 자라고는 생각되지 않을 만큼 평화로운 표정을 짓고 있었다. 나는 주춤했다. 꼼짝 못하고 누워 5년을 지냈다니 믿기지 않았다. 환자 주위에 널려 있는 의료기기로 미루어 대소변도 가리지 못하는 것을 알 수 있었다. 순간 애써 미소를 짓던 그의 얼굴이 고통으로 일그러져 보기 안타까웠다. 누워 있는 환자의 팔을 주물러 주면서 말을 건네지만 아무 반응이 없다. 조금 전에 본 눈빛과 미소는 어디로 갔는지 표정은 일그러졌다. 순간 환자의 의식상태가 궁금했다.

여러 해 전, 그가 모든 것을 누릴 때 돌연히 찾아든 병명은 믿을 수 없었다. 의사와 자주 만나면 곧 완치될 거라고 여겼다. 그러나 현실은 달리 병원에서조차 손을 놓은 상태였다. 짐작할 수 없는 고통으로 몸을 움직이지 못하고 꼼짝없이 누워 있는 형편이다. 이런 모습을 보자니 연민으로 다가와 내 가슴이 아려 왔다. 그에게 도움을 주고 싶었지만, 마음뿐 아무것도 할 수 없는 자신이 안타까웠다. 단지 성경을 읽어 주고 찬송을 불러 주는 것이 고작이었으니 그래도 다행한 것은 환자의 얼굴에 평온히 찾아드는 것이었다.

이때, 그의 아내가 잠시 은행에 다녀오겠다며 우리에게 남편을 부탁했다. 남편의 볼에 입을 맞추고 날아갈 듯이 외출하자 환자는 이내 시선이 현관으로만 고정돼 있다. 초조하게 아내를 기다리던 그는 갑자기 이불을 걷어차며 손을 하복부로 가져간다. 나는 재빨리 다가가 "웅가? 쉬?"를 반복하지만 알아듣지 못한 듯 반응이 없다. 순간, 환자는 차고 있던 기저귀를 떼어 냈다. 아랫도리가 훤히 드러났다. 나는 순간 당황하여 고개를 돌렸다. 이 자리를 피할 수만 있다면 이곳을 빠져나가고 싶은 마음뿐이었다. 그러나 환자를 위해 왔음을 상기하면서 그가 무안하지 않게 자연스럽게 처치하려 애를 썼다. 오줌이 나오는지 손을 들어 휘젓는다. 한때는 뭇 여인들을 희롱했을 보물이 한낱 번데기처럼 붙어 있을 뿐이다. 그것을 손으로 올리며 오줌을 받으려 했으나 결국 실패하여 시트까지 적시고 말았다. 몸을 이리저리 뒤척이며 사타구니에 기저귀를 갈아 주려니 천 근 같은 체중이 뜻대로 되지 않는다. 내 손이 그의 몸에 닿을 때마다 그는 앓는 소리와 함께 얼굴을 잔뜩 찌푸렸다. 그럴수록 나는 어떻게 해야 할지를 몰라 쩔쩔매고, 같이 간 봉사자와 함께 기저귀를 갈고 나니 이마에 땀이 흐른다. 어설프게 하여 환자를 아프게 한 것 같아 미안했다.

창 밖에 어둠이 밀려오며 실내는 서서히 무거운 분위기로 바뀌었다. 그녀가 어서 돌아와야 할 터인데. 무엇을 하고 있는가. 맘껏 날개를 펴 날고 있을 그녀를 상상하니 초조해진다. 무겁게 짓누르는 적막이 나를 먼 섬에 던져놓은 듯하여 전등을 켰다. 문짝만 한 스피커와 음향기기가 눈에 들어온다. 한쪽 벽면에 음반이 꽉 차 있다. 음악을 퍽 좋아했나 보다. 중앙 벽면에는 말이 힘차게 뛰는 그림이 걸려 있다. 그도 매일 말처럼 뛰기를 갈망했을지도 모르겠다. 그가 어떤 삶을 살았을까 하는 호기심이 일어 얼굴을 찬찬히 보았다. 피곤한지 눈을 감고 있다. 젊은 시절 음악광이었다는 그의 아내 말이 생각났다. 서재에는 아내와 정다웠던 때의 해맑은 사진이 걸려 있다. 그러나 지금은 단지 떠 주는 음식을 넘기는 것 외에는 아무것도 스스로 할 수 있는 것이 없다. 매일 지루한 시간 속에 무엇을 생각하고 무슨 꿈을 꿀까. 서서히 낙엽이 되어 사라질 시간을 기다리는 그는 모든 기억을 지우고 있을지 모른다.

침대 밑에는 소변통과 운동기구 휴지통, 기저귀, 넓은 수건이 있다. 이제는 모든 것을 포기해야 할 때다. 하지만, 포기할 수 없는 연민이나, 숨소리에 귀 기울이며 질긴 끈을 놓지 않으려는 모습이 보기에 안쓰럽다. 돌아서는 발걸음이 무거웠다. 생로병사는 피할 수 없는 필연의 길. 그렇지만, 그 길을 부정하고 싶은 게 우리의 심정 아닌가. 병들어 남의 손을 빌려 배설물을 치우게 되는 일은 불행한 일이다. 피할 수 있다면 이런 일이 누구에게든지 일어나지 않았으면 한다. 인간이 태어나는 모습은 같지만, 삶의 마지막 가는 모습은 각기 다르다. 운명에 대하여 곰곰이 생각하게 한 하루였다.

그가 더는 고통 받지 않고 평안한 곳에 가기를 희망하면서 나는 내 집으로 돌아갔다.

명품 핸드백

미국에 사는 동생이 왔다. 선물보따리가 한 아름이다. 형부와 조카들의 선물이라며 물건들을 꺼내 놓더니, 이번엔 검은 천에 싼 보퉁이를 열었다. "언니 마음에 들었으면 좋겠는데." 스스로 포장지를 푸는 손길이 조심스러웠다. 커다란 검은색 명품 핸드백이었다. 외출하는 곳은 교회뿐일 것 같아서 성경책을 넣을 수 있는 걸로 골랐다고 했다. 마음에 안 들면 바꿀 수 있다는 말을 덧붙이며 영수증까지 건네주었다.

집에 돌아와 핸드백을 다시 살펴보았다. 너무 큰 것 같았다. 바꾸고 싶은 마음이 들어 영수증을 펼쳐 보고 나는 깜짝 놀랐다. 잘못 본 것일까, 내 눈을 의심했다. 도무지 믿기지 않아 동그라미를 세고 또 세어 보았다. 내 상식으로는 천문학적 숫자였다. 아무리 살펴봐도 장신구 하나 없는, 그저 가죽으로 만든 네모난 가방일 뿐인데….

놀란 가슴을 진정시키고, 거실에 앉아 있는 남편의 코앞에 자랑스럽게 백을 들이밀었다. '당신이 사주지 못하는 핸드백을 동생이 사주었다오' 하는 시위였다. 그리고는 영수증을 보여 주었다. 남편도 믿기지 않는지 한참을 들여다보더니 "영수증이 잘못 되었구먼" 하며 일축해 버린다. 백을 한 쪽으로 밀쳐놓는 모습이 가당치 않다는 표정이다. 은근히 으쓱해진 나는 그런 남편의 얼굴을 힐긋거리며 한마디 했다. '여자인 나도 모르는 명품을 당신이 어떻게 알 수 있겠소. 당신 아내가 검소하게 산 줄이나 아시오.' 비록 소리내어 한 말은 아니었지만, 남편도 알아들었지 않았을까? 하지만, 마음은 무거웠다.

세상에는 내가 알지 못하는 물건도 많고 상상하지 못할 만큼 값비싼 물건도 많다. 그렇지만, 여태까지 그런 것과는 아무 상관없이 살아왔었다. 값비싼 물건이 보통사람에게는 사치스럽다 해도 상류층에게는 대수롭지 않은 것이고 내 분수에 맞게 살면 그만이라고 여겨 왔다. 그러나 상상할 수 없는 고가의 명품 핸드백을 직접 보니 '내가 너무 세상 물정을 모르고 살아온 걸까?' 하는 괴리감이 들었다. 사람살이에도 눈에 보이지 않는 차이가 있음이 느껴졌다.

그런데 내가 이런 값비싼 명품을 갖게 될 줄이야. 비록 내가 산 것은 아니지만, 가슴이 벅차며 기쁨이 솟았다. 금방이라도 신분이 상승한 양 황홀경에 빠졌다. 저절로 웃음이 번졌다. 빨리 친구를 만나 뽐내고 싶은 마음에 우쭐해졌다. 그러나 다음날 만난 친구들은 내가 들고 간 명품 핸드백에는 관심도 없었고 명품인지조차 알지 못했다. 선망의 시선을 기대했다가 허물어져서 그런지 힘이 빠졌다. 남이 나를 부러워하기를 바라는 욕망이 내 안에 숨어 있을 줄은 미처 몰랐다. 명품 핸드백을 가졌다고 상류층이 되는 것도 아니련만 잠시 기쁨에 들떴던 것이 쑥스럽다.

나는 상류층이 아니다. 내 주위 사람들도 마찬가지다. 내가 명품백을 가지고 다닌들 아무도 그 가치를 알아보지 못한다. 남이 가치를 높이 평가해 줄 때 갖고 싶은 욕망이 더 커지는 법이 아니던가. 내가 명품을 가지고 다닌들 그만한 가치를 발할 수 있을까에 대해 의심스러웠다.

"내가 언니 같으면 그렇게 안 살겠다. 왜 그렇게 구질구질하게 살아." 동생은 딱하다는 듯 곧잘 쏘아붙였다. 나이가 들수록 명품을 가져야 한다는 것이다. 언니를 안쓰러워하는 동생의 마음을 왜 모르겠는가. 피붙이만이 느낄 수 있는 연민인 것을…. 하지만 명품에 관심은커녕 부담스럽기만 하니 이 일을 어쩌랴.

몇 년 전에도 아들한테서 명품 핸드백을 선물 받은 적이 있었다. 그때는 그 백을 들고 다녀도 조금도 기쁘거나 우월감을 느끼지 못했었다. 오히려 혹여 다른 이에게 위화감을 주지 않을까 염려가 되어서 도리어 갖고 다니는 것이 부담스러웠다. 결국, 옷장 깊숙이 처박아뒀었다. 그런데 이번에는 왜 잠시나마 으쓱한 마음이 들었던 걸까.

같은 명품이라도 모든 사람에게 같은 가치를 갖는 것은 아니다. 사람에 따라 그 가치가 다르다. 진정한 명품은 다른 이의 가치판단을 무조건 따르는 게 아니라, 자기 나름의 뚜렷한 기준으로 분별하는 것이리라. 겉은 명품으로 장식했다 해도 속이 그 명품을 소화시키지 못한다면 무슨 소용이 있겠는가. 겉보다는 사람 자체가 명품이 되어야 하지 않겠는가.

요즘 일본의 젊은 여성들은 몸을 팔아 명품을 산다고 한다. 어떤 여성은 몸에 걸친 것이 1억 원어치가 넘는다고 하는데, 맹목적인 명품 추종은 참 안타까운 일이다. 우리나라에서도 카드로 명품을 사들이다가 신용불량자가 되기도 하고, 연체 때문에 산 명품을 되파는 일을 반복하기도 한다. 값싸게 인터넷에 내놓은 명품은 대부분 한두 번밖에 사용하지 못한 물건들이라고 하니, 명품을 사랑하는 마음은 국적과도 무관한 것 같다.

흔히 명품을 돈 있는 사람들의 전유물로 생각하기도 한다. 할인판매기간이 되면 명품 매장 밖에까지 줄을 서서 기다리는 아낙들의 모습을 쉽게 볼 수 있다. 명품을 걸치면 본인의 가치가 올라간다는 자기만족이나 상류층이 된 기분을 만끽하기 위한 심리일 것이다. '웬만큼 체면 유지는 해야 하는' 이유 때문일까. 백화점 1층은 대부분 명품 브랜드가 차지하고 있다.

그렇지만, 프랑스는 다른 것 같다. 정부에서 국민에게 명품을 사서 쓰라고 권장한다고 한다. 명품을 사면 보관도 잘하고 아끼면서 오래오래 사용하게 되므로, 싼 제품을 사서 단시간 사용하고 버리는 것보다 쓰레기를 줄이는 것이고 더 나아가서 절약된다는 것이다. 명품의 의미를 좋은 제품을 오래 사용하는 데 두고 있기 때문이다.

저마다 자신에게 맞는, 쓰면 쓸수록 빛을 발하는 물건이 바로 명품이 아닐까. 나는 값비싼 것보다 가격이 저렴하고 사용하기 편한 실용적인 것을 좋아한다. 어떤 물건을 살 때도 호주머니 사정보다 자신이 정한 수준에 맞추어 사들이는 편이다. 핸드백도 예외가 아니다. 크고 가볍고, 잡다한 물건들을 손쉽게 꺼내 쓸 수 있는 핸드백이면 그만이다. 요즘은 값싸고 멋스런 핸드백이 다양하다. 겉주머니를 달아 손쉽게 물건을 넣고 꺼내기 쉽게 하였는가 하면 휴대전화 주머니까지 달린 백도 있다. 값싼 것이 사용하기도 편리해서 늘 애용한다. 그 백이 없었더라면 잡다한 물건들을 어떻게 가지고 다닐 수 있는가. 내게는 그 값싼 백이 명품이 아닐 수 없다.

오늘도 외출을 앞두고 잠깐 망설인다. 동생이 선물한 백을 들고 거울 앞에 서 본다. 그리고는 늘 들고 다니던 편한 백을 집어 들었다. 동생에게는 미안한 일이지만….

호기심을 좇아

삼월의 아이들

새 학년이 시작되는 날이다.

봄날의 햇살은 화창하지만, 아직도 옷깃을 파고드는 바람으로 몸은 움츠러들고 있다. 어떤 아이들일까, 나의 기대와 호기심은 봄바람만큼이나 살랑인다. 아이들은 엄마의 손에 이끌려 하나 둘 운동장 가운데 있는 팻말 앞에 모여든다. 커다란 흰 손수건을 가슴에 달고 두려운 듯, 신기한 듯 사방을 두리번거리면서 낯설어하고 있다.

엄마의 손을 놓지 않으려는 아이와의 실랑이로 아이는 울고, 엄마는 어쩔 줄 몰라 나를 힐긋 보는 게 마치 좀 도와 달라는 표정이다. 아이는 더욱 엄마 치맛자락을 바짝 붙들고 뒤로 숨는다. 무리하게 아이를 겁주면 학교에 대한 거부감이 생길까 봐 아이 엄마에게 아이 손을 잡고 맨 뒤에 서라고 일러주었다. 아이 엄마는 아이를 낚아채듯 끌고 가면서 연신 타이른다. 하지만, 엄마의 얼굴에 낭패스러움이 엿보인다. 남자아이들은 대부분 옆 짝인 여자 아이의 옷자락을 만지고 머리카락도 쓰다듬으며 관심을 표한다. 교장선생님의 인사가 끝난 후 이어지는 담임선생님의 인사에 아이들과 학부형 엄마의 눈이 빛난다. '우리 선생님은 예쁜가, 젊었나, 어떤 사람일까' 하고. 그날은 학부형이 된 엄마들이 삼삼오오 짝을 지어 담임선생님에 관한 신상을 주 화제로 웅성거린다.

첫날은 선생님의 인사와 학교 둘러보기다. 교장실, 교무실, 화장실과 일 년을 공부할 교실을 익힌다. 다음날은 화장실에 가서 용변보기 지도를 받는다. 두 다리를 벌려 변기를 중심으로 간격을 맞추는 시범을 보인다. 그것은 교장선생님이 강조하는 교육이었다. 어떤 아이들은 코를 잡고 변소에 들어오지 않으려 한다. 깊고 컴컴하여 겁이 잔뜩 난 얼굴이다. 두려움으로 고개를 돌리고 손으로는 악취를 맡지 않으려는 듯 코를 막고 달아난다. 가끔 아이들은 학교에서 용변을 보지 않고 참으려다 교실 마룻바닥을 흥건히 적시기도 하고, 빨리 집에 가서 볼일을 보는 아이들도 있었다. 당시에는 집에 수세식 변기를 사용한 가정도 제법 많았으나 학교는 여전히 재래식 화장실이었기 때문이었다.

운동장에서 나란히 맞춰 줄 서기, 복도에서 일렬로 줄 서서 바르게 걷기, 스피커에서 흘러나오는 음악에 맞추어 율동하기 등등으로 추운 3월 한 달을 보낸다. '좌향좌! 우향우!' 자꾸 헷갈리는지 번번이

틀리는 아이들 때문에 밥 먹는 손, 또는 오른손 왼손 하며 알기 쉽게 하느라 손을 들고 우로 돌아서거나 좌로 돌아선다. 드디어 교실에 들어온 아이들은 등에 멘 가방을 풀며 학용품 자랑으로 왁자지껄하다. 글을 쓸 줄 안다고, 그림도 잘 그리고, 색칠도 잘한다고 자랑을 하거나, 삼촌이나 이모가 사줬다는 크레파스나 외제 연필을 자랑하기도 한다.

개구쟁이 영수는 책상 위를 껑충거리며 이리저리 뛰어다닌다. 풍선같이 부풀어 있는 아이들을 진정시키려고, 그동안 운동장에서 배운 산토끼를 음악에 맞추어 춤을 추었다. 아이들은 시선을 집중하고 선생님 따라서 머리에 두 손을 올리고 깡충깡충 뛰는 시늉을 한다. 철수는 노래와 율동도 하지 않고 책상 아래를 기어다니며 여자아이들의 발을 잡고 놀라게 한다. 철수를 그대로 두면 다른 철수가 생겨 수업 분위기가 엉망진창이 될까 봐 아예 따로 맨 뒷좌석에 벌이라고 앉혀 놓았다. 마음은 편치 않지만 어찌하랴 잠시 후 보상하려는 마음에 칠판에 나와 숫자를 써 보도록 한다. 아이는 아주 크게 기러기가 날아가듯 일렬로 쓴다. 학부형인 엄마들은 창문에 매달려 나의 일거수일투족을 다 지켜본다. 아이가 어떻게 학교생활에 적응하는지가 궁금하여 견딜 수 없나 보다. 선생님의 질문에 자기 아이가 손을 못 들면 안타까워하며 손짓으로 가르쳐 주려 하고 그것도 모르느냐고 핀잔도 함께한다. 열흘 정도가 지나면 엄마들도 안심되는지 이제 더는 창문에 기대서지 않는다.

첫 미술 시간은 엄마 얼굴 그리기. 아이들은 어떤 행복감 같은 것으로 각자 엄마 얼굴을 제일 잘 그린다고 자신하며 머리와 얼굴을 아주 크게 그린다. 대부분 엄마 얼굴은 꼬불꼬불한 파마머리에 입술이 빨갛고, 속눈썹은 길게 위로 올라간 동그란 눈을 그린다. 거의 흡사한 얼굴을 그리는데 아이들 눈에 비친 엄마의 모습은 그들이 바라는 마음속의 엄마임이 틀림없다. 아이들은 열정을 다해 그린 엄마의 얼굴을 바라보며 으쓱해 한다. 옆에 앉은 짝꿍의 그림을 보고 어떤 아이는 "정말 너희 엄마야? 멋쟁이네. 네 엄마는 아니다" 하고 우겨대기도 하고.

맨 앞에 앉은키 작은 혜진이는 유리 상자 안에 들어 있는 인형 같다. 언제나 그 자리에 예쁜 모습으로 남자아이들의 장난에도 개의치 않고 얌전히 앉아 있다. 평화스럽고 만족스러운 표정으로 책을 보며 바른 자세로 앉아 있다. 받아쓰기를 하면 한 획도 틀리지 않고 똑바로 반듯하고 예쁘게 쓴다. 글씨는 인쇄된 듯 깨끗하여 아이를 확인하지 않고도 그 애의 공책인지를 한눈에 알 수 있다. 일정한 크기로 네모 칸에 가지런히 쓴 글씨는 아이들의 호기심과 선망의 대상이다. 난 흐뭇한 기분에 살며시 "정말 잘 하는구나!" 하고 칭찬

해 준다. 아이는 미소를 띠고 조용히 제자리에 앉는다. 나는 다른 아이들이 샘을 낼까 염려되어 칭찬을 많이 하지 않도록 주의한다. 다른 아이들보다 훨씬 먼저 문제를 끝내놓고 얌전히 제자리에 앉아서 흐뭇한 표정으로 나를 쳐다본다. 나 역시 눈으로 '벌써 다했구나' 하는 눈빛을 보내고. 그때의 표정이 얼마나 귀여운지 정말 사랑스럽다. 남자아이들은 앙증스런 여자아이의 주위를 맴돌기도 하고 툭툭 치기도 하며 관심을 끌려고 하지만 혜진이는 그런 남자아이들의 행동에 개의치 않고 늘 책에 눈길을 둔다.

이런 아이라면 백 명도 쉽게 가르칠 수 있을 텐데 하는 사이, 와장창 소리에 놀라 돌아보니 책상 위에 의자를 올려놓고 두 아이가 중세 기사인 양 막대기로 결투를 하고 있다. 드디어 의자 하나가 나동그라지며 아이도 함께 떨어졌다. 허둥대며 달려가 보지만 다행히 상처는 없고 가방이 엎어져 학용품이 다 쏟아져 나왔다. 짝인 여자 아이들은 서로 땅에 떨어진 연필통을 주워서 담으며 '선생님 혼내지 마세요' 하는 표정이다. 당사자인 남자아이는 "재가 했어요." 서로 핑계 대기 바쁘다. 선생님에게 꾸중을 들을까 하는 염려도 잠시, 아이들은 내 시선을 피해 낄낄대며 즐거워하고 있다. 귀여운 아이들을 어떻게 꾸중하랴 싶어 내심 웃음이 나오는 것을 감추려 뒤로 돌아섰다.

정희는 내 책상 주변을 서성인다. 나와 친해지고 싶고 잘 보이려고 더 곰살궂게 다가오며 연신 자기 집 이야기를 들려준다. 어제는 엄마와 아버지가 싸웠다고 묻지 않은 일을 말한다. 어떤 때는 엄마 몰래 가져온 세숫비누를 귀중한 물건인 양 내놓아 나를 당황하게 할 때도 있었다. 정희는 선생님의 사랑을 꼭 받아야겠다는 듯 나의 옷깃도 만지고 손이 닿는 다른 아이 손을 뿌리치고 선생님 손을 독차지하려고 했다. 오전 수업이 끝나면 둘씩 짝을 맞춰 교실을 나서게 한다. 아이들은 서두르지 않고 이내 신발을 신주머니에서 꺼내 신고 밖으로 간다. 나는 차가 다니는 큰길 건널목까지 아이들을 데리고 나가서 잘 가라고 손짓하면 정희는 손을 놓지 않고 나의 얼굴을 한참 쳐다보다가 "선생님 우리 집에 안 와요?" 한다. 남자 아이들은 어느새 흩어져 가방을 출렁이며 집으로 향해 뛰어가고 있다.

해마다 3월은 온다. 3월의 아이들은 어김없이 학교운동장과 교실 책상 위를 뛰어다닐 것이다. 이제 나의 삼월의 아이들은 어른이 되어 그들의 아이들을 삼월의 아이들로 만들고 있을 것이다. 그들 엄마가 그랬듯 교실 창을 통하여 아이들을 보며 안타까워하기도 하고, 대견해 할 것이다. 나의 추억을 들추면 삼월의 아이들이 해맑은 모습으로 나를 향해 여전히 웃고 있다.

아이들은 나의 사랑이다. 더불어 3월은 신비의 달이기도 하다.

호기심을 좇아서

20여 일이 지났는데도 몸에 시퍼런 멍이 가시지 않았다. 욱신거리기까지 한다. 그런데도 피식 웃음이 난다.

16일간의 여행은 차를 타고 스쳐 지나가거나 발로 점을 찍듯이 잠깐 내려서 보는 것이 대부분이었다. 10여 나라를 다니려면 바쁜 일정에 그럴 수밖에 없다고 나름대로 이해하려 하지만 회의懷疑는 있었다. 워낙 짧은 시간에 대충 훑고 지나니 나중에는 어디서 무엇을 보았는지조차 알 수 없었다. 다닌 곳을 메모하였지만 전부 기억하기는 역부족이었다. 그러나 어쩌랴, 배낭을 메고 발로 걸으며 여행할 용기도 없으니 괜한 나이 탓만 하고 만다. 그렇다고 여행을 포기하자니 먼 나라에 대한 호기심을 잠재울 수 없다.

여행 3일째 되는 날, 예술과 낭만의 도시인 프랑스 파리에 갔다. 파리의 상징인 에펠탑을 관광한 후에 세느강 유람선을 탈 예정이었다. 그러나 세느강 유람선은 밤에 타야 제격이라 한다. 파리의 야경과 에펠탑의 아름다운 빛의 변화를 보는 것은 밤으로 미루고, 일정에 없는 옵션으로 몽마르트르(순교자의 산이라는 뜻) 언덕으로 갔다.

몽마르트르 언덕은 많은 사람의 입에 오르내린 곳, 예술의 광장으로 알고 있으니 친근감마저 지닌 곳이다. 시인과 초상화를 그리는 화가가 있고 푸른 잔디가 깔려 있는, 어딘가 모르게 낭만이 있을 것이라 기대했다. 그러나 예상했던 것은 보이지 않았다. 버스로 올라가는 길가에 가게들은 'Sex' 라고 쓰인 간판이 걸린 빨간 창문이 눈에 들어왔다. 사창가라고 소개한다. 낭만을 꿈꾸었던 나는 실망했다.

잠시 후 버스는 언덕 위에 세워진 사크레쾨르(예수 성심) 성당이 보이는 곳에 일행을 내려놓았다. 관람시간은 40분. 집결장소는 회전목마가 있는 나무 아래서 만나기로 했다. 룸메이트는 성당으로 올라가지 않고 티셔츠를 산다며 가게가 있는 곳으로 내려갔다. 혼자 남은 나는 마음이 조급했다. 가파른 계단을 올라 성당 안을 관람하려면 빨리 걸어야 했다. 계단에는 청춘 남녀들이 다정히 앉아서 포즈를 취하거나 여유 있게 애정표현을 한다. 짧은 시간 안에 볼 것은 다 보아야 한다. 카메라 셔터를 연신 눌렀다. 성당 안은 세계 각국 사람들이 붐볐다. 이미 많은 성당을 보았던 터라 색다르거나 감탄할 것도 없어서 성당을 나왔으나, 일행이 보이지 않은 것을 보니 시간이 많이 남은 것 같았다.

계단을 내려오니 작은 성당 사이에 긴 꼬리를 단 열차가 서 있었다. 주위를 한 바퀴 도는 것이리라. 호기심이 발동하였다. 냉큼 열차 뒷자리에 앉았다. 잠시 앉아 있으니 외국 관광객들이 우르르 타자 좌석이 꽉 찼다. 이어, 열차는 기적소리를 울리며 기세 좋게 앞으로 달렸다. 성당 뒤 숲을 지나 아래로 전혀 방향도 알 수 없는 길로 내달린다. 시간이 지날수록 성당에서 더 멀리 쏜살같이 달린다. 좁고 꼬불꼬불한 길을, 그러다 신호등이 있는 넓은 길로 나서나 싶더니 작은 길을 끼고 민가로 들어선다. 이게 어찌 된 일인가. 너무 멀리 왔다. 도무지 방향조차도 짐작이 안 간다. 겁이 나고 불안하다. 호텔 이름도 모르고 인솔자 전화번호도 모르는데 차는 멀리 더 멀리 달리고 있다. 골목길의 주택가는 고풍스럽고 아름다워 마음을 사로잡지만, 감탄과 함께 불안은 교차하고 그중에도 초조함이 극에 달한다. 옆에 앉은 백인 남자에게 출발한 곳으로 다시 돌아가느냐고 짧은 영어로 물었더니, 모른다는 듯 어깨만 으쓱거린다. 난감하다. 아뿔싸, 후회가 되었지만 열차 안에는 동양인이란 눈 씻고 봐도 없다. 관광지마다 만나던 흔한 우리나라 사람들도 보이지 않는다. 두려움으로 가슴이 마구 뛴다. 뒤에 앉은 흰 피부의 젊은 여자에게 다시 물었다. 그랬더니 친절하게 출발한 곳으로 돌아간단다. 하지만, 시간은 5분도 남지 않았는데 자꾸 더 멀리 내려가고 있다. 호기심은 사라지고 이젠 울고 싶은 마음뿐, 겁이 났다. 여기서 내려도 찾아갈 자신이 없다. 영락없이 국제 미아가 될 판이다. 어떻게 해야 할까. 불안과 초조로 가슴이 터질 것 같다.

아! 성이 멀리 보인다. 성당 뒤인가 보다. 열차가 숨차게 가파른 길을 올라간다. 성당이 점점 가까이 다가온다. 졸이던 가슴을 쓸어 안고 종착점에 닿을 것을 기다렸으나 성당 앞을 그냥 지나친다. 집결 시간은 이미 지났다. 나를 찾을 일행들의 모습이 떠오른다. '나이 많은 이가 주책이야' 하는 말이 들리는 듯하다. 내 이름을 애타게 부르며 여기저기 찾을 가이드 얼굴이 떠오르자 정신이 아득하다.

'멈추어야 할 터인데' 꼬리에서 소리쳐도 운전사는 듣지 못하여 멈출 것 같지 않다. '뛰어내리자!' 성당이 보이니 모일 장소를 찾을 수 있지 않은가. 자리에서 벌떡 일어났다. 앞뒤 가릴 겨를 없이 뛰어 내렸다. 어느 사이 몸은 길바닥에 납작 엎어져 있었다. 기차가 천천히 간다고 여겼지만 007 영화 주인공도 아니고 젊거나 운동선수도 아니니 넘어질 수밖에. 앞자락 옷이 시꺼멓다. 그래도 손에 카메라가 들려 있으니 다행이다. 추적추적 내리는 비를 피해 서 있던 관광객들 시선이 널브러져 있는 내게 꽂힌다. 의아한 눈빛이다. 마로니에 가로수가 웃고 있다. 부끄럽다. 순간 급히 몸을 일으켜 달렸다. 일행들은 장대비를 피하여 선물 가게 안에 있거나 나무 밑에 있었다.

아무도 눈치 채지 않은 것이 다행이었다.

이튿날 새벽, 몸의 통증으로 잠을 깼다. 움직일 수조차 없이 몸이 아팠다. 팔꿈치와 무릎이 깨지고, 가슴과 하반신이 둔덕처럼 부어오른 부분에 시퍼런 멍이 들었으니 어찌 아프지 않으랴. 그래도 진통제를 먹으면서 다시 관광에 나섰다.

돌이켜보면 호기심이 낳은 무모한 행동이 아닐 수 없다. 일행이 보지 못한 아름답고 낭만적인 몽마르트르의 동네를 본 값 치고는 너무 비싼 대가를 치른 셈이다. 그러나 후회는 없다. 다만, 좀 더 기술적으로 뛰어내렸다면 덜 다쳤으련만…. 하고 생각할 뿐이다. 오히려 기분이 좋다. 이제 생의 오후가 되어 새롭고 기이한 것들에 무심하다고 여겼는데, 아직도 내게 젊음이 남아 있는 것 같아서다.

나의 三樂

사람은 먹지 않고는 살 수 없다. 그리하여 먹을거리를 구하려고 날마다 수고하며 일한다. 그렇다. 행복한 삶의 기본은 음식을 맛있게 먹고 건강하게 살아야 하기 때문이다. 나는 세 끼를 만드느라 온 종일 부엌에서 서성일 때가 잦다. 가끔은 한 알의 캡슐로 끼니를 이을 수 있다면 얼마나 간편할까를 상상해 보기도 한다. 하지만, 삶에서 식도락食道樂을 즐기는 것을 뺀다면 너무 삭막할 것 같다. 고대 로마인들은 먹는 것을 토해 내면서까지 다섯 시간 동안이나 먹을 정도로 식도락을 즐겼다고 하지 않던가.

음식의 맛을 좌우하는 첫째 조건은 신선도다. 나는 요즈음 먼동이 트자마자 채소밭으로 향한다. 이슬을 머금은 상추, 깻잎, 호박, 오이를 따고 배추를 솎고, 파를 뽑는다. 이것들을 한 잎씩 따고 뿌리를 자르거나 겉잎을 떼고 다듬는다. 아예 퍼질러 앉아서, 서두르지 않고 꼼꼼하게, 싱싱하고 반듯한 것으로만 추린다. 흐르는 물에 여러 번 씻은 야채는 더욱 싱싱하고 깨끗하다.

그대로 밥상에 올라가는 것도 있지만, 대개는 특성에 맞게 조리해야 한다. 같은 재료라 해도 조리방법이 수십 가지다. 애호박만 해도 그렇다. 납작납작하게 썰어 소금에 살짝 절여 숨을 죽인 후에 계란을 입혀 부친 호박전도 있고, 가늘게 채를 썰어서 프라이팬에 가득 커다랗게 부쳐 먹는 부침개도 있다. 계란을 입히지 않고 그냥 파랗게 부쳐 초간장을 뿌리거나, 어슷어슷 썰어 새우젓을 넣고 볶아서 애호박나물을 만들기도 한다. 찜통에 넣고 쪄서 초고추장을 찍어 먹기도 하고, 애호박 죽을 끓이기도 한다.

애호박뿐이겠는가 같은 재료지만 더 맛있는 음식을 만들려고 끊임없이 연구하다 보면 예상치 못한 새로운 음식이 탄생한다. 그렇게 만든 푸짐한 밥상은 먹음직스러워 보여 저절로 식욕이 생긴다. 음식을 만드는 데 많은 시간이 걸리기는 하지만 주부가 정성 들여 차린 밥상만큼 맛있는 음식은 없다. 그 집만의 요리비법으로 만든 음식은 다른 곳에서 맛볼 수 없는 특별요리다. 주부의 손맛이 그 가정의 음식 맛이기 때문이다. 맛있게 먹고 있는 식구들을 보면 나는 기쁨으로 가슴이 뛴다.

한때 나도 다른 젊은 주부들처럼 한식보다 빵을 좋아했었다. 한식은 조리시간이 길어서 힘들지만, 빵은 간편했고, 혀에서 사르르 녹는 달콤한 맛이 좋았다. 밥보다 빵으로 식사하는 것이 세련된 것 같고, 문화인처럼 느껴지기도 했다. 그러나 세월이 갈수록 빵보다는 우리 부모님이 즐겨 먹던 곰삭은 고향의 음식을 좋아하게 되었다.

국적을 알 수 없는 음식들이 날마다 생겨나고, 세계 여러 나라에서 수입되는 음식재료들이 우리 밥상을 차지하는 지금, 신토불이나 무공해 밥상을 챙기기는 어렵다. 건강에 관심 있는 사람들이 애써 유기농 야채를 찾지만 쉽지 않은 일이다. 유기농, 친환경, 무공해, 신토불이란 우리의 희망사항일 뿐이다.

전쟁 중, 내가 한참 자랄 나이에는 쌀을 구하기가 어려웠었다. 겨우 밥 대신 수제비나 나물죽으로 끼니를 이었다. 게다가 죽은 먹고 돌아서면 금세 배가 고팠다. 그러니 반찬이 맛있고 없는 것을 가릴 여지가 없었다. 다만, 흰 쌀밥을 배부르게 실컷 먹는 게 소원이었다. 이제는 사라졌지만, 보릿고개라는 말이 있었다. 설 지나고부터 보리 수확이 있기까지 우리네 서민들은 끼니를 잇지 못하는 곤궁한 살림을 살았다.

70년대, 한참 경제적 성장기에 들어섰던 그때 일부 중산층에서 육류 소비가 늘기 시작했다. 고기반찬이 있는 밥상이 부자의 상징이 되었고 푸성귀만이 있는 밥상은 가난하다고 생각하게 되었다. 아이들을 건강하게 잘 키우려면 고기를 먹여야 한다고 여겼다. 덕분에 수입 쇠고기 LA 갈비가 불티나게 팔렸다. 그 시기에 나 또한 아이들에게 매일 고기, 튀김 음식을 해 먹였다. 요즘 현대인들은 대부분이 성인병을 앓고 있다. 잘못된 식습관으로 병이 생긴다는 것이다. 그러니 이제는 맛보다는 몸에 좋다는 음식을 선별하여 식단을 짜려고 노력한다. 지금은 나뿐 아니라 소고기 파동의 영향으로 누구나 먹을거리에 대한 인식이 높아지고 있다.

가정에서 전혀 밥을 해 먹지 않는 사람들이 늘어나고 있다. 세끼 밥 짓는 것을 번거롭게 여기거나 바쁜 사회활동으로 외식하는 인구가 늘어가고 있기 때문이다. 아침밥은 간단하게 먹거나 아예 굶기도 한다. 나머지 끼니도 외식으로 해결하는 경우가 많다. "요즘, 뭐 해 먹어?" "우리 집 잘 하는 거 있잖아. 외식." 우스갯소리로 주고받는 말이지만 웃어넘길 얘기가 아니다.

나는 외식보다 내가 가꾼 푸성귀로 소박하게 한 밥상이 더 좋다. 밭에서 금방 딴 푸성귀와 호박, 오이, 가지가 그토록 맛있는 줄을 예전에는 미처 알지 못했다. 그 맛을 알고는 더욱 집 음식에 연연해 한다. 신선하고 몸에도 좋은 내 집 밥상이 최고라는 듯이 매끼를 챙긴다. 또 연거푸 외식하고 나면 속이 안 좋고 부대꼈기 때문에 더욱 내 손맛이 간 음식에 매달린다.

음식을 만드는 일은 주부로서 마땅히 할 일이고 이미 내 몸에 밴 습관이다. 내가 만든 밥상이 가족의 건강을 지켜 준다고 믿기 때문에 밥상은 남에게 맡기지 않는다. 아무도 흉내 낼 수 없는 내 손맛에 길든 식구들의 입맛을 누가 대신 하랴. 외출했다가도 땅거미가 지면 마음이 불안하여 안절부절못하는 것도 그 때문이다.

우리 집은 주말이면 아들 며느리 손자들까지 온 가족이 다 모인다. 그럴 때 밥상을 챙기는 일을 며느리에게 맡겨도 되련만 오히려 더 부산하게 움직인다. 일이라기보다 놀이처럼 신바람이 난다. 몸이 아파서 움직일 수 없을 때, 매일 내 손으로 음식을 만드는 일이 가장 하고 싶었다. 그 일은 평범한 일상을 빛낸 가장 보람 있는 일이었다. 온 가족이 함께 밥상에 둘러앉아 먹는 식사는 얼마나 정겨운가. 맛있는 음식을 먹는 순간 누구나 행복을 느낀다.

아들이 군에 입대하고 처음 면회가 허락되었을 때, 많은 음식을 만들어 가지고 갔다. 그 애는 너무 많이 먹은 탓으로 배탈이 나고 말았다. 휴가 나왔을 때도 그 애에게 제일 먼저 해준 것이 내 손으로 지은 밥상이었다. 어미로서 꼭 해주어야 할 일처럼 여러 가지 음식을 정성껏 준비했다. 며칠 굶은 듯이 허겁지겁 정신없이 먹는 아들을 보면서 가슴 벅차했었다.

식욕을 충족하는 포만감은 사람에게 있어 가장 안정을 주는 자연스러운 삶의 행복이다. 먹지 못하는 것은 죽음을 의미하고 동시에 즐거움을 빼앗는다. 건강해야 맛있게 먹을 수 있고 맛있게 먹는 음식으로 건강해진다. 싱그러운 과일, 야채, 가공하지 않은 깨끗한 먹을거리들은 내 가족을 위한 메뉴다. 정성과 손맛이 어우러진 밥상은 뿌듯한 만족을 준다. 그것은 나의 긍지이고 자랑이다.

맹자 삼락이 있다면 나에게도 소박한 三樂이 있다. 그 하나는 푸성귀를 직접 심는 즐거움이고, 두 번째는 그 푸성귀로 맛깔스런 음식을 만드는 즐거움이고, 셋째는 가족과 함께 맛있게 먹는 즐거움이다. 평범함 속의 즐거움이다.

내가 본 바라나시

바라나시로 향하여 버스는 강한 햇볕과 메마른 땅에 뽀얀 먼지를 날리며 달렸다. 2월의 날씨는 길가의 풀들이 황갈색 먼지를 뒤집어 쓰고 힘겨운 호흡을 하고 있었다. 생명이 있는 풀, 나무, 사람들까지 생기를 잃은 듯. 버스는 덜컹거리며 이정표나 신호등도 없는 비포장 도로를 잘도 달린다.

해가 뉘엿뉘엿 질 무렵 우리 일행은 삼륜 자전거 택시인 릭샤를 갈아타고 북부지방의 바라나시의 갠지스 강을 향했다. 히말라야에서 발원하여 인도의 북에서 남으로 통과하여 흐르는 갠지스 강에서는 매일 저녁 힌두교의식이 행해지고 있었다. 인도는 종교의 나라라고 불릴 만큼 다양한 종교가 있지만, 국민 대다수는 힌두교를 믿는다. 우린 그 의식을 보려고 나선 것이다. 퇴근시간이 겹쳐서인지 원래 복잡한 것인지 알 수 없으나 바라나시 시내는 인간과 차와 자전거 릭샤, 오토바이와 온갖 동물들이 뒤엉켜 전쟁터를 방불케

했다. 그나마 오후 다섯 시 이후에는 대형차가 다닐 수 없는데도 그렇다.

13억이란 인구를 가늠하기는 어려운 숫자지만 길에는 엄청난 사람이 붐벼 걸음을 옮길 때마다 몸과 몸이 부딪친다. 자동차, 자전거, 릭샤, 오토바이들이 꽉 차 있는 거리에 우리를 태운 릭샤는 앞을 가로막는 사람들과 오토바이를 피하여 힘겹게 달리고 있었다. 릭샤를 끄는 나이 지긋한 이는 요란한 경적을 울리며 곡예를 하듯 앞으로 나아간다. 속력을 내려고 반쯤 몸을 일으켜서 자전거 페달을 힘껏 밟고 앞으로 나아가는 모습이 불안하다. 순간 기우뚱한다. 땅바닥으로 떨어질 뻔하였다. 간이 졸아붙는다. 불안해서 난간을 꼭 잡았다. 수많은 릭샤를 끄는 이들의 운전은 묘기였다. 날리는 먼지는 살갗에 들러붙었고 그나마 준비해 간 마스크로 코와 입을 막았지만 별 소용이 없었다. 많은 사람의 땀 냄새, 각종 차의 소음과 아우성에 정신을 잃을 지경이다. 난리도 이런 난리가 또 있을까 싶다.

강이 가까이 다가오자 길가의 많은 가게 안에는 현란한 색상의 '사리'가 걸려 있다. 사리는 여인들의 전통적인 의상인데 온몸을 천으로 휘감는 방식이다. 많은 옷이 쌓인 것이 남대문 시장과 비슷했다. 릭샤에서 내린 우리를 보자 구걸하는 아이들이 모여들었다. 그들의 수는 엄청나다. 집요하게 구걸하는 아이들과 관광객들이 함께 뒤범벅되어 아수라장을 이룬다. 갠지스 강에 도착하니 컴컴한 강으로 내려가는 계단인 가트에 소똥과 쓰레기 오물이 널려 있다. 그 오물을 밟지 않으려고 바닥만 보고 강가로 내려갔다. 종교의식을 잘 볼 수 있는 곳은 이미 세계 각처에서 온 여행자들이 차지했다. 세계 어느 곳을 가든지 우리나라 사람들과 마주치는 일이 흔하다 보니 선진국 대열에 낀 자부심이 느껴지기도 했다.

가트 아래 강가 제단에는 음식과 꽃이 진열되어 있고 향불에서 연기가 모락모락 피어났다. 카스트 제도에서 최상위 브라만 계층인 승려 7명이 의식을 치르고 있었다. 한 손에 종, 다른 한 손에는 향불을 둥글게 돌리고 있었다. 확성기를 통해 울리는 경전 읊는 소리와 흔들리는 종소리가 사방으로 퍼졌다. 그 소리는 애상한 음으로 엄숙함이 느껴졌다. 어느덧 나도 그 의식에 빠져 들어가고 있었다. 그들이 가진 종교는 내세만을 위한 것이기에 현실을 좀 더 나은 것으로 바꾸려는 생각마저 마비시키는 것은 아닐까 하는 의구심이 들었다.

다음날 새벽 일출을 보려고 우리는 다시 갠지스 강을 찾았다. 수평선 너머에 회색이 낮게 깔리고 서서히 밝아지고 있다. 새벽 목욕이 가장 신성하기 때문에 많은 사람이 모여든다. 가이드는 배에 탄 일행에게 꽃 켄더(작은 접시에 양초와 꽃)를 하나씩 사 주었다. 물

위에 띄우고 소원을 빌어 보라고 했다. 일행들은 저마다 간절히 소원을 빌었다. 세계 각지에서 모여든 관광객들이 배를 타고 우리와 똑같이 꽃 캔더를 손에 들거나 물 위에 띄운다. 꽃 캔더를 파는 여자아이들은 하나같이 예뻤다. 더럽게 느껴지는 강물에 뼈만 앙상한, 금세라도 쓰러질 듯한 남자가 몸을 반복해서 담금질했다. 간절하게 기도하는 얼굴은 이해할 수 없는 평안함이 가득했지만 이를 보는 나에게는 묘한 슬픔이 밀려왔다.

이들은 일생에 한 번이라도 순례하기를 열렬하게 소망하여 며칠씩 기차를 타거나 걸어서 온다. 대부분이 나이 지긋한 남자들이 새벽 추위에 차디찬 강물에 몸 담그기를 수차례 반복하면서 두 손을 모아 기도한다. 그들은 갠지스 강에 목욕하여 모든 죄를 용서받고 현실의 고통에서 벗어나 소원이 이뤄지기를 바란다. 강물에 몸을 씻고, 죽은 후 자신의 몸을 태워 그 재를 강에 뿌리는 것이 평생의 소원이다. 그들이 생각하는 죄가 어떤 것인지 상상이 미치지 않았다. 인도인 가이드 청년에게 갠지스 강에 목욕한 경험이 있느냐고 물었더니 어렸을 때 부모를 따라 했지만, 지금은 그럴 생각이 없단다. 부모가 이런 사실을 알면 얼마나 서운해할까?

사람들은 현재의 고통이 클수록 신에게 다가간다. 그리하여 수많은 가난하고 힘든 사람들이 종교에 귀의하여 고통을 승화시킨다.

현재의 고통을 덜 수 있는 저 행위가 없다면 저들은 어디서 위로를 받을까. 다행한 일이다. 어느덧 나도 내가 믿는 하나님에게 기도했다. 많은 것을 보고 깨닫는 그런 여행이 되게 해주십사 하고….

강가 가트에서는 빨래하는 사람들이 많았다. 우리나라와는 다르게 남자들이 빨래를 어깨 위로 들어 올려 돌 위에다 내려치기를 반복한다. 더러운 물에 빨래가 깨끗해질 것인지 의심스러웠다. 빨래터 옆에는 화장터가 마련되어 있었다. 날마다 장작더미 위에 시신을 얹고 태우는 것을 볼 수 있다. 그 뿌연 연기와 누릿한 냄새가 역겨워 코를 막았다. 인체 그대로 드러난 시신은 차마 바로 보기 어렵지만, 우리와는 전혀 다른 문화권에 대한 호기심으로 좀 더 자세히 보려고 애썼다. 시체 곁에는 우는 사람이나 조문객도 없다. 요즘 화장을 하려면 장작 태우는 삯이 상당히 비싸서 서민들은 갠지스 강이 아닌 다른 화장장에서 시체를 화장한다고 한다.

가트를 벗어나 꼬불꼬불한 미로 도시에는 양쪽으로 쓰러져 가는 집들이 겨우 버티고 있었다. 얼마나 오랜 세월 동안 버티어 온 것일까. 골목은 한 사람이 겨우 지나갈 정도로 폭이 좁았다. 골목들은 엉킨 실타래처럼 이리저리 엇갈려 있어서 방향을 가늠하기 어려웠다. 더욱이 쓰레기와 소똥이 널려 있어 밟을세라 주위를 기울여 걸어야만 했다. 악착스럽게 관광객을 따라붙는 아이들이 발에 걸릴 지경이었다. 그러니 구경은 뒷전이 되어 버렸다. 시체 타는 냄새와 미로 도시의 오물로 속이 느글느글 토할 것 같았다. 식당으로 가는 일행과 떨어져 나는 호텔방으로 왔다. 아침 끼니를 거르는 게 나을 성싶어서다.

뜨거운 햇살이 내리쬐는 간선도로에 어슬렁거리며 소가 도로를 가로지른다. 차를 세우고 신성한 소가 지나가기를 한참을 기다렸다. 누군가 "소는 팔자도 좋아요. 먹여 주고…." 인간보다 더 대우받는 성스러운 인도 소를 빗대는 말이다. 흔한 소를 육류로 먹는다면 가난한 사람들의 배고픔을 덜 수 있고 길거리도 깨끗해질 터인데, 허나 그들의 종교가 그런 걸 어쩌랴. 마을마다 담벼락에 소똥을 붙이거나 바닥에 널어 말린다. 꼭 작은 빈대떡처럼 넓적하다. 말린 소똥은 가정에서 취사용뿐 아니라 유일한 연료로 쓰인다고 한다. 그러고 보면 쓸모없게 보이던 소도 사람을 돕는 셈이다.

인도인 가이드 청년이 소고기를 먹어 보았는지 궁금했다. 우리의 질문에 그는 한국어 어학당에서 한국어를 공부하는 동안 소 불고기가 제일 맛있어 많이 먹었다며 웃었다.

여행을 하는 동안 아이들의 순진하고 구김살 없는 태도와 해맑은 눈이 부러웠다. 이마에 빨간 점을 찍고 윤기나는 까만 긴 머리에 화려하게 단장한 여인들의 잘 생긴 용모는 하나같이 아름다웠다. 구걸하는 아이나 엄마도 귀걸이나 목걸이, 팔찌를 주렁주렁 달고 있다.

800개의 언어와 13억의 인구와 수많은 종교 안에서 문화와 관습, 가치관이 공존하고 있는 인도인들은 세계를 향하여 나아가고 있었다. 내가 본 구걸하는 사람들과 갠지스 강에서 목욕하는 사람들, IT 강국으로 떠오른 인도는 이해할 수 없는 묘한 양면을 지니고 있다. 불가사의한 인도문화를 접하다 보니 서양문화에 익숙해진 나도 그 매력에 빠져들고 있다. 정말 불가사의다.

그녀는 무엇으로 사는가

집을 나섰다. 그동안 벼르던, 몸이 불편한 형님을 찾아뵙기 위해서였다.

크리스마스가 다가오면 사람들의 마음이 들뜨련만 너무 차분하여 연말이라는 느낌이 없는 세모歲暮다. 소비심리가 위축된 탓인가. 불경기지만 그래도 작년보다 자선냄비에는 온정이 넘친다니 듣기 좋은 소식이다. 긴 골목길은 무거운 김장 김치통을 든 내 걸음을 몇 번이나 멈추게 하였다. 이렇게 무거울 줄 알았다면 차라리 택배로 보냈을 것을 하고 후회했지만 이미 늦은 일이다.

남산 밑에 다닥다닥 붙은 집들은 바위에 붙어 있는 조개껍데기를 닮았다. 간신히 몸만 비집고 들어설 수 있는 골목길에 들어서자 하수구에서 흐른 물이 살짝 얼어 있어 넘어질까 조심스럽게 한발 한발을 떼어놓아야 했다. 맨 꼭대기에 보이는 집. 칠이 벗겨진 쇠문이 빠끔히 열려 있다. 몇 계단을 올라 현관문이자 방문을 밀어젖히니 삐꺼덕

소리가 요란하다. 레일이 맞지 않는 문은 금세 떨어져 나갈 것만 같다. 그때 안에서 "누구요" 하는 소리가 들린다. "접니다" 하고 안으로 고개를 들이미니 누워 있던 그가 몸을 일으킨다. 의수義手를 잡아 가지런히 하면서 나를 바라본다. 부스스한 흰 머리카락이 제멋대로이고, 냉기 가득한 초라한 방이 나를 가슴 아프게 하여 마음이 저려 왔다.

이북내기, 억척 또순이라는 이미지는 어디에도 찾아볼 수 없다. 젊은 시절 그의 곁에 북적대던 사람들은 모두 어디로 갔단 말인가. 그는 큰손이었다. 시장 사람들이 급전을 얻는 물주였고, 선심을 쓰던 그때, 그의 주위에는 언제나 많은 사람이 맴돌았다. 내 계산 방법과는 차이가 있어 나를 어리둥절하게 만든 그다. 그의 앞에서는 나는 항상 주눅이 들고 있었다. 서둘러 손에 들고 온 찬거리와 약 꾸러미를 풀어놓았다. 그가 "무엇을…" 하며 슬그머니 약 상자를 끌어당긴다. 그 얼굴에는 표정이 없다. 당뇨로 눈까지 잘 보이지 않는지라 거동이 자유스럽지 못하여 외출은 전혀 못하는 형편이다.

미국에 있는 큰딸의 소식을 묻자 뜬금없이 어쩌다가 전화만 걸려 올 뿐이라고 말한다. 그 딸은 그가 처녀 시절에 입양한 아이이다. 한국동란 때, 팔 하나를 잃은 그는 결혼도 포기하고 다섯 살배기인 여자아이를 입양했다. 그 아이를 내가 처음 보았을 때는 중학생이었다. 아이는 곱상하고 상냥하여 사랑을 받으며 예쁘게 자랐다. 고등학교를 나온 아이는 예쁜 얼굴을 한 탓인지 일찍 사랑에 눈떠 몰래 집을 뛰쳐나가 남자와 동거를 했다. 이 사실을 알고 부랴부랴 결혼식을 올려 준 그다. 몇 년 행복한 결혼생활을 하더니만 결국 딸은 남편과 별거를 하였다. 남편이 새로운 여자가 생겼다면서 그도 애욕의 행각을 하는 것이 아닌가. 세 아이를 두고 집을 나온 딸을 찾아 가정으로 들어가라고 눈물로 통사정하였지만, 딸은 얼마 후 미국으로 떠나가 버리고 말았다.

그는 곧이어 또 다른 여자아이를 집으로 데려왔다. 입양을 만류하던 친정어머니도 그의 고집을 끝내 꺾을 수 없었다. 아이를 호적에 올리고 얼마 되지 않아 집안 가세가 기울어지면서 살기 어려워졌다. 친정어머니는 가세가 기운 것은 아이를 잘못 데려와서 그렇다며 아이를 쳐다보지도 않았다. 정상인도 아닌 한 쪽 손으로 아이를 키우는 그의 고생과 학비를 마련하려고 여기저기 손을 내미는 딸이 안쓰러워서 더 그랬을 것이다. 그럴수록 그는 아이에게 더욱 집착했다. 다행히 아이는 효성이 지극하여 고등학교를 졸업하면서 가정을 돌보겠다는 생각에 진학을 포기했다.

그가 녹내장 수술로 입원했을 때였다. 캄캄한 병실에 두 눈을 가리고 누워 있는 어미를 극진히 보살폈다. 아이는 앞이 안 보이는 엄마 옆에서 음식을 떠먹이고 연방 옷깃을 여며 주고 머리카락을 쓰다듬어 주는 모습이 보기에 좋았다. 한 쪽이 기울어진 몸을 부축하여 화장실도 데리고 가고 온종일 시중하느라 한밤도 제대로 자지 못했다. 그뿐이랴, 한순간도 어머니에게서 시선을 떼지 않았다. 숨소리까지도 헤아리는 아이의 마음, 낳은 정과 기른 정 두 가지를 놓고 무엇이 더 소중하냐고 묻는다면 그 아이는 아마 후자를 택할 것이다. 엄마 나이 칠십이고 아이는 이십 중반이라서 딸은 엄마가 자신을 낳지 않았다는 것을 이미 알고 있으련만 그런 기색도 없고 아랑곳하지도 않는다.

아이는 결혼을 해도 엄마와 함께 살겠다고 한다. 그도 딸에게 '엄마는 너에게 짐이 되기는 싫으니 그런 말로 남자의 마음을 무겁게 하지 말라고 당부하였다. 입양을 내심 반대했던 나는 그들 모녀의 사랑에 감동했다. 그런데 그리도 살갑게 지내던 아이와 두 달 가까이 말을 주고받지 않는다고 한다. 한집에서 대화하지 않는 것이 얼마나 괴로운 일이라는 것을 아는지라 까닭을 물어도 괴로운 듯 쉽게 속내를 털어놓지 아니한다. 한참만에 입을 연 그는, 아이가 스스로 집을 나가기를 바라고 일부러 말을 하지 않는다고 하였다. 몇 번이나 제 갈 길로 가라고 권유했지만 아이는 엄마 곁을 떠나지 않는다고 했다는 것이다. 그래서 그는 아이를 떠나게 하는 방법으로 말을 않는 거라고 했다. 경제적인 능력도 없고 혼자 기동도 하지 못하는 처지에 스스로 살아가겠다는 용기가 놀랍다. 아이에게 무거운 짐을 지어주지 않으려는 모성에 놀랐다.

요즘 자식을 낳지 않으려는 젊은 부부가 많아 정부에서는 자녀 낳기 장려운동으로 두 번째 출산부터 출산비용을 정부가 부담하겠다는 법을 세웠다. 공개적으로 입양하여 내 아이와 같이 교육과 사랑을 하며 기르자는 캠페인으로 입양하는 사례가 늘고 있다. 교회 안에서도 젊은 부부 사이에 입양하는 가정이 늘어나고 있다. 오래전에 남편이 여자아이를 입양하자는 제의를 해왔다. 아들만 둘이니 재롱스런 여자아이를 입양하여 키우기를 원했다. 그러나 나는 귀찮다는 이기적인 생각으로 반대했다.

그는 몸도 불편하고, 힘들어 하면서도 입양하는 이유가 무엇이었을까. 노후대책이었을까. 그렇다면, 노구를 의탁해야 하는 이때에 아이를 등 떠밀어 쫓는 것은 더더욱 이해가 가지 않는다. 도대체 그가 사는 법을 이해할 수 없다. 그를 남겨두고 돌아오는 길은 빈손임에도 마음은 무거웠다. 그가 가만히 내뱉는 말, "내 속은 아무도 몰라" 허공을 맴도는 그 말이 뒷덜미를 잡아채고 있었다.

그는 무엇으로 사는가?

행복은 가까이에

눈을 뜨면서 커튼을 연다. 창을 통하여 숲과 하늘이 밀려 온다. 눈에 보이는 순수한 자연은 내가 마치 원시림 속의 시골집에서 눈을 뜬 것 같은 착각을 불러일으킨다. 겨울의 터널을 빠져 나온 나무들은 벌써 갖가지 색으로 풍성해졌다.

나는 건강 때문에 이곳으로 이사했다. 새벽이 아침을 불러낼 즈음엔 매일 등산화의 끈을 매고 집을 나선다. 서울에서 가까운 거리임에도 이렇게 하늘을 가리는 숲이 있다는 것에 놀라움과 감탄을 자아낸다. 한적한 광교산 자락은 마치 나만을 위한 산인 듯 고요하다. 낙엽 쌓인 길은 카펫 위를 걷는 듯 푹신하다. 번잡한 일상에서 벗어난 적막한 산이 내 마음속의 소리에 귀를 기울이게 하고 풍요로움을 안겨 준다.

일본에서 돌아와 보니 내가 사는 동네가 일본에서 보았던 벚꽃보다 더 아름답게 피었다. 집을 떠날 때 고요히 숨죽이는 것만 같던 나무에 흐드러지게 핀 꽃은 내 가슴을 울렁거리게 했다. 새색시 치맛자락 같은 분홍 진달래꽃잎이 산등성이를 온통 물들여 내게 손을 내밀어 발길을 멈추게 한다. 꽃은 언제나 마음을 환하게 밝힌다. 이런 줄은 몰랐다. 여행지보다 내 곁에 있는 산과 동네가 더 아름다웠다. 늘 자기가 가진 것에 만족하지 못하고, 멀리서 바라보는 것이 좋아 보이고, 남이 가진 것이 내 것보다 더 커 보이는 것이 얼마나 어리석은 일인가.

봄의 산에는 여리고 작은 잎이 하루가 다르게 커가고 있다. 밤사이에 누군가의 초능력으로 밀어 내는 힘이 있는 것인가, 자고 나면 새로운 모습으로 변해 있는 산은 경탄으로 소스라치기도, 의구심으로 놀라게 한다.

겹겹이 쌓여 있는 낙엽을 뚫고 여린 싹이 돋아난다. 봄을 제일 먼저 알리는 야들야들한 연초록 잎의 홑잎 나물이 신비스럽고 경이롭기까지 하다. 살며시 쥐어도 으스러질 것만 같은 여린 잎이 어떻게 땅 밖으로 나오는 것일까? 발걸음을 멈춘다. 홑잎 나물이 나를 유혹하기 때문이다. 산에 오르는 일도 잊고 엎드려 시간 가는 줄도 모르고 나물을 뜯는다. 자연이 주는 보약이라고 손을 바삐 움직인다. 식탁에 봄을 옮겨놓고 싶어서 더 부지런히 따 담았다. 나물을 뜯고 있으면 어린 시절이 떠오르고 소꿉친구들이 그리워진다.

어느덧 아침 햇살 사이로 나뭇가지 끝에 매달린 연초록 잎들은 영롱하게 비치어 햇살 무늬를 이룬다. 아지랑이처럼 눈부시기도 하고 면사포를 쓴 신부처럼 순결하다. 봄은 새로운 생명으로 내 영혼을 흔들어 깨우고 있다.

하얀 벚꽃 터널을 지나며 날마다 새롭게 태어나는 만물에 저절로 탄성을 지른다. 나이가 들수록 가슴이 설레고 예전보다 더 꽃이 아름답게 느껴지니 알 수 없는 일이다. 아마도 남은 시간이 짧아서일 것이다.

내 정원에 봄을 빨리 끌어들이고 싶어 봄꽃 몇 판을 사들고 와서 온통 마당에 심었다. 따사로운 햇볕에 앉아 붉고 노란 꽃잎을 보니 더욱 아름답다. 예쁜 꽃처럼 내 인생에서도 꽃 같았던 시절을 헤아려 본다. 요염하고 청초하고 단아한 각기 다른 모습을 보면, 들풀, 나무의 잎도 세상에 같은 것이 한 가지도 없다는 것을 알게 된다. 같은 모습, 같은 성격. 같은 생각이면 얼마나 삭막할까. 우주를 채우는 서로 다른 것들의 조화는 아름답고 재미있고 호기심을 느끼게 한다.

아침까지 보지 못했던 예쁜 튤립이 나를 반긴다. 그것들은 어쩌나 보기 좋은지 내가 세상에 태어난 걸 감사한다. 흰 목련 꽃잎이 바람에 날리고 있다. 잠시 후 또 다른 꽃이 활짝 피리라.

잠깐 왔다 가는 봄이 아쉽지만, 날아가 버리는 파랑새를 찾아가듯 먼 곳에서 행복을 찾으려던 나였는데, 바로 내 곁에서, 내 마음속의 향기를 맡다니…. 언제나 내 가까이에서 행복은 피어나고 있다.

올챙이 적 생각 못하는 개구리

"다리가 참 예쁘다."

나도 모르게 튀어나온 말이다. 수술하고 요양 중이라고 해서 찾아간 친구는 환자답지 않게 짧은 바지차림이었다.

나는 어려서부터 짧고 퉁퉁한 다리가 불만이었다. 아버지는 집안 내력이라며 오히려 건강의 상징이니 자랑스럽게 여기라고 하셨지만 어린 마음은 그렇지 못했다. 남들처럼 짧은 미니스커트 한 번을 못 입고 항상 긴 치마로 가리고 다녔다. 당당히 앞에 나서지도 못하고 걸을 때에도 남들보다 한발 뒤처져서 걸었다. 미끈하고 늘씬한 다리를 위해서라면 뭐든 할 수 있을 것 같았다. 그러다 보니 유독 여인들의 다리에 관심이 많았다.

그래도 그렇지. 잘 걷지도 못하는 사람한테 다리가 예쁘다니, 병문안을 간 사람이 느닷없이 나온 소리다. 그러고 보니 올챙이 적 생각 못하는 개구리다. 내게도 '걸을 수만 있다면 더는 원이 없겠다' 라던 시절이 있었던 것을….

꽤 오래전 일이다. 장腸수술을 위해 개복開腹을 했지만, 복부의 상처는 하루가 다르게 신기할 정도로 회복이 빨라서 퇴원을 서두르던 참이었다. 그동안 갑갑했던 나는 이제 병원을 나가기만 하면 어디든 맘껏 돌아다닐 희망에 부풀었다. 그런데 생각지도 못했던 복병을 만나게 되었으니 예상치 않게 다리에 문제가 생긴 것이다. 퉁퉁 부어서 코끼리 다리가 되었고 다섯 개의 발가락은 한데 붙어서 분간도 못 할 정도였다. 예쁘고 미운 문제가 아니라 기능상의 문제가 심각했다. 너무 무겁고 힘겨운데다 감각마저 둔해져서 발을 땅에 딛고 걸을 수가 없었다.

퇴원해서 집에 왔지만, 나들이는커녕 문밖으로는 한걸음도 내디딜 수 없으니, 꽃이 피는지 꽃이 지는지도 모르고 계절이 어떻게 바뀌는지도 모르고, 사는 게 사는 게 아니었다. 이전에 고민했던 알배기다리에 대한 열등감은 한낱 철부지의 투정에 불과했다. 걸을 수만 있다면 더는 바랄 것이 없을 것 같았다. 그저 집에서 가까운 곳에 가서 장을 보고, 가족을 위하여 음식을 만들 수 있는 주부로서 역할만이라도 할 수 있는 정도면 족할 것 같았다.

소박한 바람인데 그게 쉽지 않았다. 용하다는 병원을 찾아다녀도 시간만 지날 뿐 나아지지 않았다. 아예 치료방법조차 찾지 못한다니, 과학이 발달해서 달나라에도 간다는 말은 내겐 엉터리처럼 들렸다. 홀로 이 세상 끝에 서 있다는 외로움만이 내 몸을 옭아매었다. 두 다리로 활보하는 사람들이 부러웠고 오직 걸을 수 있는 것만이 크나큰 행복이라 여겨졌다. 하나님은 사람을 발로 걸을 수 있게 만들었는데 생의 중간에 이토록 처절한 고통을 준 것이 참담하였다. 계속 이렇게 살아야 한다면 하등의 살아갈 가치도 없다고까지 생각되었다.

그렇게 절망하고 있을 때, 어려서 귀에 못이 박이도록 들었던 아버지 말씀이 떠올랐다. 건강한 발을 타고났다는 그 말이 소망이 되었다. 어떤 방법으로든 치료하여 예전의 건강한 발을 되찾아야겠다는 강한 의지가 생겼다. 양 · 한방을 가리지 않고 길을 찾아 나섰다. 그리고 다짐도 했다. 내가 만약 걷게 된다면, 걷지 못하는 이들의 곁에서 그들의 다리가 되어 주고, 시간과 마음을 주며, 필요를 채워 주는 사람이 되겠다고 마음먹었다. 움직이지 못하고 집안에만 갇혀 있다 보니 신체의 불구 중에서 다리를 쓰지 못하여 걷지 못하는 이들이 제일 안쓰러웠다. 고통을 느끼는 사람은 제가 겪는 고통을 통해서 타인의 고통에 관심과 동정심이 우러나기 때문인가 보다.

그 마음이 신을 감동시켰는지 한방병원에서 지어 온 약이 효험이 있어 조금씩 걸음을 뗄 수 있게 되었다. 처음에는 방 안에서 겨우 몇 발자국 옮기는 정도였지만 세상 어디라도 다 갈 수 있을 것처럼 기뻤다. 그리고 점차 좋아져서 문밖 출입은 물론이고 이제는 우리나라도 좁다고 세계 곳곳까지 돌아다니게까지 되었다.

그렇게 낙담과 절망에서 헤어났다. 절망과 고통을 통해서, 평탄할 때는 느끼지 못했던 감사를 온 몸과 가슴으로 절절하게 맛보았다. 그럼에도, 오늘 인간의 본성이 튀어나와 날씬한 다리맵시에 마음을 뺏기게 된 것이었다. 나는 그런 마음을 감추고 친구의 발을 정성껏 마사지를 시작했다. 발은 우리 몸의 축소판이다. 아프거나 피로한 사람에게 발을 주물러 주거나 경혈을 눌러 주면 피곤이 풀리고 건강이 좋아진다. 요즘은 발 건강을 중요시하여 발마사지하는 곳이 많이 생겼지만 내가 배울 때만 해도 잘 알려지지 않았었다. 친구가 빙그레 웃었다. 몸이 가뿐해지는 것 같다고 좋아했다.

'그래, 못생긴 다리이면 어떠랴. 건강하고 씩씩하게 가고 싶은 곳 어디라도 걸어다닐 수 있으면 그만이지. 짝짝이에 민첩하지 못한 다리일망정 세상을 휘젓고 다닐 수 있는 오늘이 마냥 감사한 것을….' 다시금 마음을 다잡고 친구 집을 나왔다.

그런데 사람 마음이란 참 간사하다. 저만치 지나가는 아가씨의 짧은 미니스커트 아래 다리에 자꾸만 시선이 꽂히니 말이다.

9988 유감有感

9988234, 요즘 한창 유행되는 말이다. 구십구 세까지 팔팔하게 살다가 이틀 앓고 삼 일 만에 수월하게 죽고 싶다는, 노인들의 희망사항이다. 듣고 웃어넘겼던 그 말이 새삼스럽게 귓가를 맴돈다. 아들 다섯을 두고도 요양원으로 들어간 이모 때문이다. 아니, 그 소식을 듣고 충격에 빠지신 어머니 때문이다. "애고, 망할 놈의 세상" 한숨처럼 되뇌는 어머니의 넋두리 때문이다.

이모는 다리가 많이 불편했다. 지팡이를 짚고 겨우 화장실을 출입할 뿐 잘 나다니지도 못한 지 이미 여러 해였다. 큰아들은 건강이 좋지 않아서 자신의 몸도 겨우 추스를 형편이었고 다른 아들들은 모두 외국에서 살고 있으니 마땅히 모실 자식이 없었다. 그래서 요양원에 들어가게 된 것을, 어머니는 못내 안타까워했다. 아들이 많은들 무슨 소용이냐고….

어머니가 살아온 시대에는 의당, 아들은 노후를 의지하는 존재였다. 전쟁의 폐허로 끼니를 제대로 잇기 어렵던 시절에도 내 아버지는 자식들보다 부모를 더 챙겼다. 가진 것을 다 내어주며 모든 식구들의 생계를 도맡았다. 당신이 입던 옷마저도 형제들에게 벗어 주었다. 어머니가 얼마나 힘들게 살았을지 짐작하고도 남는다. 그러나 어머니는 불평하지 않았다. 오히려 당연하게 여겼다.

세월이 흐르고, 늙으신 아버지도 아들에게 노후를 의탁했다. 자식과 함께 살게 되어서 노후가 행복하다고 자랑하고 다녔다. 그러나 그 아들은 생각이 달랐다. 다 같은 자식인데 아들뿐 아니라 딸들도 부모를 모실 수 있잖느냐는 것이었다. 부모를 모셔야 한다는, 장자에게 씌워진 의무에서 벗어나기를 원했다. 결국, 얼마 못 가서 아버지의 자랑은 휴지처럼 구겨졌다.

아들에 대한 어머니의 믿음은 절대적이었다. 세상이 변하고 있다는 것을 인정하지 않았다. 아니 세상이 변해도 내 자식만은 다르다고 우겼다. 믿었던 만큼 배신의 상처 또한 큰 법이다. 어머니는 자리에 몸져누웠다. 부질없는 환상이라는 것을 알기까지 많은 시간을 괴로워했다. 그런 어머니를 지켜보는 것은 참으로 힘든 일이었다. 아무런 도움이 될 수 없어서 더욱 그랬다.

유교 문화에 젖은 나 또한 장남이 부모를 모시고 사는 것은 당연한 일이라 여겼다. '맏며느리' 라는 자리에서 고된 시집살이도 묵묵히 참고 견디며 대가족을 이루고 살았다. 나뿐만이 아니라, 이삼십 년 전만 해도 거의 모든 며느리들은 그렇게 살았다. 부모를 모시고 사는 것을 의무요 도리로 여기고 당연시했다. 어렸을 때부터 효에 대한 가치를 크게 두는 교육을 받았기 때문이다.

그렇지만, 나는 내가 과거에 그렇게 살았다는 구실 아래 자식들에게 함께 살 것을 강요하고 싶지 않다. 시어머니를 모시고 살기는 했지만, 즐거움보다 의무와 책임의식이 더 컸을 뿐, 내 시어머니는 나의 십자가였기 때문이다. 효의 바탕은 사랑이어야 한다. 예의나 형식에 얽매인 효는 참된 효라 할 수 없다. 나는 며느리의 십자가는 결코 되고 싶지 않다.

효에 대한 개념이 빠르게 변하는 세태를 개탄하는 일은 어찌 보면 순진하고 고루하게 느껴진다. 가치관이 변한 세대인 자녀는 하루가 다르게 변하는 치열한 경쟁사회에 서 있다. 그들의 마음은 부모에게 신경 쓰며 효도할 여유가 없다. 이런 자녀를 해바라기하며 곁에 두려는 것은 자녀들에게 심적으로 부담감만을 주는 것이다. 앞만 바라보고 달려갈 수 있도록 이해하고 사랑으로 바라봐주어야 한다.

이제 효를 으뜸으로 치던 시절은 지났다. 미풍양속, 부모를 모시고 살던 대가족의 전통은 무너져 버렸다. 핵가족시대를 지나 홀로 사는 노인들이 늘어나는 현실이다. 반드시 장자가 부모를 모셔야 한다는 의식도 없어졌다. 아들 혹은 딸과 함께 사는 사람도 있고, 부부가 함께 혹은 혼자 사는 사람도 있고, 양로원 같은 시설에 들어가는 사람도 있다. 자신의 환경이나 능력에 따라 자유롭게 선택한다.

90이 된 어머니는 아파트에서 혼자 사신다. 어찌나 정갈하고 정정하신지 다들 부러워하고 당신께서도 자랑스러워하신다. 자식에게 짐이 되지 않고 씩씩하게 잘 살고 있다는 자부심이 대단하다. 눈치 안 보고 자유롭게 사는 것이 마음이 편해서 좋다고 한다.

그런데 막상 이모가 요양원으로 들어갔다는 소식을 듣고는 불안해한다. 너무 오래 살까 봐 걱정되는 것이다. 성인병에 대한 두려움을 염두에 두기 때문이다. 중풍, 치매 등의 병은 많은 시간을 고통 속에서 신음해야 하고 무엇보다도 자식들에게 짐이 되기 싫으신 것이다. 며칠만 아프다가 잠자는 듯이 고통 없이 세상을 떴으면 좋겠다고 노래를 부른다.

수명이 길어지고 있다. 그리 어렵잖게 구십구(백수)까지 살 수 있다. 그런데 늙으면 여기저기 아픈 곳이 생기기 마련이다. 그래도 과연 장수가 복일까. 99만으로는 안 된다. 팔팔하게 살아야 한다. 고통 속에서 오래 사는 것도 사양한다. 234, 삶을 정리할 만한 시간이면 충분하다.

나도 건강을 지키며 자식들에게 폐를 끼치지 않고 독립하여 살고 싶다. 이제 모든 욕심을 버리고 삶의 순리를 깨달아 자신이 처한 환경을 조화롭게 긍정적으로 살려고 한다. 오랜 세월 함께 한 부부의 정, 손자들의 성장, 여유로운 마음, 자연의 아름다움과 순리를 깨닫는 것 말이다. 나이 듦으로 얻는 기쁨이 있는 것은 얼마나 다행인가. 노년을 당당하게 받아들이자는 결의도 한다. 과거에 연연하지 않고 변하는 문화에 순응하며 자신의 삶을 가꾸며 곱게 늙고 싶다.

추석 명절

올해는 더위가 오래 머물러 추석 명절 느낌이 없다. 그래도 풋사과와 배, 풋대추가 보이고 밤도 비닐망에 담겨 있다. 추석 차례 상차림에 쓰일 과일이다.

어린 시절, 명절이 가까워지면 할머니 집에 갈 날을 손꼽아 기다리느라 잠을 설쳤다. 일 년 중 한두 번 맛볼 수 있는 송화다식과 시루에서 김이 모락모락 나는 색색의 송편은 입맛을 다시는 추석 음식이었다. 까맣고 반질반질한 무쇠 솥뚜껑에 지져대는 빈대떡과 전은 온 집안에 기름 냄새를 풍겨 군침을 돌게 했다. 아이들은 기름이 밴 빈대떡을 한입 얻어먹을까 싶어 엄마 치맛자락 뒤에서 연신 기웃거리지만, 차례 음식은 먼저 먹으면 안 된다는 지엄한 말에 풀이 죽어 뒤로 물러난다. 냄새만 맡고도 푸짐한 음식을 만든다고 뛰어다니며 동네 아이들에게 자랑했다. 게다가 오랜만에 보는 사촌들, 날 예뻐하던 할머니, 덩치 큰 나를 냉큼 들어 어깨 위에 무동을 태우는 삼촌과의 만남은 집안의 사랑을 받는 첫딸임을 알게 하였다.

명절은 추석빔을 입는 날이었다. 시골 큰집에 갈 날을 기다릴 즈음, 바느질 솜씨가 좋은 어머니가 호롱불 밑에서 옷을 만드는 걸 잠에서 깨어 보고는 다시 잠이 든다. 아침이면 나를 불러 밤새껏 만든 치마저고리를 입혀놓고 저고리 앞섶을 당기기도 하며 뒤돌려 맵시를 천천히 뜯어보신다. 어제까지 없던 예쁜 치마저고리가 만들어진 걸 보며 엄마는 잠을 언제 자는 걸까 의아했다. 엄마는 한 땀씩 바느질한 고운 옷을 입혀 큰집에 데려갈 딸이 여러 동서가 데리고 온 아이들보다 더 돋보이고 싶었던 것이다.

나이가 차서 성씨가 다른 집 맏며느리가 된 나는 전혀 다른 차례풍습에 어리둥절하였다. 의무와 부담으로 버거웠다. 시어머니는 차례 준비로 한 달 전부터 맏며느리를 앞세우고 장에 간다. 보기 좋은 크기의 가자미와 명태, 도미 등 비늘 있는 각종 생선을 힘이 부치게 많이 사서는 머리에 이고 지고 와서 손질한다. 차례상에 쓰일 생선은 비늘을 긁고 지느러미를 치고 머리는 떼어내지 않고 내장과 아가미를 빼내어 꾸둑꾸둑 말린다. 날씨가 더워 쉬파리라도 앉거나 장마라도 들면 헛수고다. 또한 그 고장 음식인 동태순대는 꺼낸 내장을 가려서 갖은 양념과 어린 배추를 데쳐 동태 속에 넣고 배가 불룩한 몸을 긴 줄에 걸어서 말렸다.

추석 사흘 전부터 쌀을 불려 방앗간에 가져가면 그 앞에 긴 줄의 행렬로 반나절을 서서 기다려야 했다. 쌀가루를 익반죽하고 소로 넣을 동부, 콩, 깨를 준비하여 색색의 송편을 밤늦도록 빚어 솔잎을 깔고 쪄 낸다. 김이 무럭무럭 나는 송편을 이집 저집 돌리고, 기름 냄새 풍기며 지짐이를 하다 보면 하루가 간다. 냉장고가 없는 시절이라 쉽게 쉬는 나물은 한두 시간 눈을 붙이고 일어난 다음 새벽에 해야 했다.

이른 아침, 친척뿐 아니라 이북에서 가깝게 지내던 고향 사람들까지 찾아들었다. 나이 든 남자들은 격식에 맞게 차례상을 배열하고 지방을 쓰는 일 등 차례를 준비한다. 남자 어른들이 엄숙하게 절을 하고 지방을 태우는 것을 보며 며느리들은 한 귀퉁이에 조용히 숨죽이고 있었다.

종중산宗中山이 생기고 나서부터는 으레, 친척들이 산소에서 모였다. 몇 년 전만 해도, 제일 웃어른인 시 큰아버지는 묘 앞의 차례상을 둘러보며 상차림의 격식을 가르쳐 주기도 하고 음식이 놓일 위치와 차례 시간도 일일이 챙겨주셨다. 또한, 그 집 며느리가 정성껏 차린 음식을 두고 칭찬을 아끼지 않았다. 차례를 다 지내고 나면 친척들이 모여 음식을 함께 나누며 이야기꽃을 피우는데, 이때 각 가정의 대소사도 챙겼다. 북청 물장수라는 말을 듣던 어른들은 후손의 교육을 위해 장학금을 만들어 공부하는 아이들에게 힘을 실어 주셨다.

이념의 차이로 고향을 떠나 단신으로 남하한 1세대 어른들은 다 종중산에 묻혀 계시고, 아련한 고향을 떠올리는 세대만이 부모님의 묘를 지키고 있다. 상차림을 지휘하던 시 큰아버지도 이 세상에 안 계시니 절대적인 격식에서 놓여난 상차림은 며느리들의 솜씨에 따라 퓨전 음식으로 변해가고 간편해졌다.

추석 명절에 여러 친척의 만남은 반가움이다. 차례를 지내고 나면 한자리에 둘러앉아 자신들의 만든 음식을 은근히 자랑하고 맛을 견주며 서로 해 온 음식을 권하는 즐거운 시간이다. 그러나 다른 음식보다 젓가락이 빈번히 가는 음식은 단연 고향의 맛인 가자미식해다. 늙지도 젊지도 않은 혜정이 아빠는 자기가 좋아하는 음식이라며 앞으로 끌어당겨 밥 한 그릇을 비우고도 모자라 한 그릇을 더 청한다. 부모와 고향 생각은 어느덧 맛으로 허기를 채우는 것일까. 식해를 즐겨 만든 세대는 이미 이 땅에 없지만 그 입맛만은 후손들에게 남았다.

시어머니는 식구들이 잘 먹는 가자미식해를 즐겨 만드셨다. 참가

자미를 토막 내어 소금에 절여 물기를 빼어 꾸덕꾸덕해지면 고슬고슬한 메조 밥과 함께 고춧가루를 빨갛게 넣어 버무린 다음, 항아리에 담아 담요를 씌워 윗목에 두어 발효시킨다. 이따금 항아리 뚜껑을 열고 손가락으로 찍어 맛을 본 후 무를 넣기도 한다. 생선이 익어서 내는 독특한 맛은 별미로 함경도 사람들의 젓갈반찬이다. 처음엔 식해를 입에 넣지 않았던 서울 며느리가 차츰 젓가락이 가는 걸 보며 한가족이 되었다고 흐뭇해하였다.

올 추석에는 산소에 모인 후손들이 예년의 절반도 안 되었다.

핵가족화되고 여자가 직업을 갖게 되자 차례상차림은 버거운 짐이 되어 명절증후군이라는 말까지 생겼다. 이제 전화 한 통화로 주문하면 배달되는 차례상이 있는가 하면, 여행길 콘도에서 차례 지내는 풍속도 생겼다. 명절다운 명절은 사라지고 상징적인 명절이 되어가는 현실이다.

온 가족이 모여 풍기는 기름 냄새며, 손자들의 웃음소리와 부엌에서 들리는 며느리들의 달그락거리는 그릇 부딪는 소리가 정겹다. 가까이 사는 가족과 함께 조상의 묘를 찾는 것만으로도 감사할 일이다.

내 안의 보배

아름다운 축복

소리 없이 밤새 눈이 내렸다. 우리 집 마당의 나무도, 앞산의 나무도 메마른 가지에 하얀 눈꽃을 피웠다. 아침 햇살에 반짝이는 얼음꽃은 순결한 하얀 꽃이다.

영원한 태양처럼 여겼던 건강이 어느 날 갑자기 끝없는 고통의 나락으로 떨어졌다. 쉴 사이 없이 밀려오는 아픔을 이겨내려는 의지는 신음도 삼켰다. 컴컴한 터널 속에 갇힌 나는 지난날의 회한과 아쉬움의 회상으로 몸부림쳤다. 몇 년 동안 물이 없는 식물과 같았다. 고통 없이 내가 살아갈 수 있는 최소한의 서 있을 정도의 힘이라도 준다면 그것으로 충분하다고 생각했던 때였다.

나는 성공, 명예, 부를 삶에서 최고의 가치로 여겼지만, 폭풍 속에서 맞닥뜨린 현실 앞에는 한낱 군더더기에 불과했다. 형언할 수 없는 육체적인 아픔은 내가 가졌던 가장 귀하고 엄청나게 비싼 어떤 것도 대신할 수 없다는 것을 알았다. 세상에 자기 아픔을 대신할 수 있는 사람은 아무 곳에도 없었다. 홀로 감당해야 한다는 외로움으로 몸을 떨었다.

어머니만은 예외였다. 절대로 자신이 소홀할 수 없다는 듯 딸의 병구완에 고집스럽고 눈물겹도록 매달렸다. 당신 스스로 정성들여 만든 음식을 목으로 넘기지 못하는 딸을 안타깝게 바라보며 몰래 눈물을 흘리셨다. 이를 바라보는 내 마음은 한없이 송구스러웠다. 그러면서도 고통이 극에 달할 때 이웃과 친지들의 사랑과 가족의 사랑이 가슴을 파고들만큼 감격스럽기도 하였다. 진정 사랑의 힘이 얼마나 크고 엄청난 것인가를 느낄 수 있었다. 사랑은 모든 것을 가능케 했다. 한없는 너그러움과 자상함을 끝없이 주고 자신의 목숨까지 내어놓고 싶어하는 사랑은, 어떤 고통이라도 밀어 내고 극복하려는 투지를 일으키게 했다. 그 사랑의 힘으로 병을 이겨내고, 내가 살아난다면 꼭 사랑의 빚을 갚겠다는 각오를 했다. 조용히 무릎을 꿇고 내 모든 것, 삶과 생명을 하나님께 맡겼다. 사람은 그 아무도 관할할 수 없다는 것을 알았기에 지극히 높고 귀한 그에게 거두거나 세상에 남겨두는 것을 그 분 뜻대로 이루어지기를 바랐다

나는 아침의 붉고 힘차게 떠오르는 태양을 보며 감격하기도 하고, 땅에 발을 딛는 날이 꿈인 듯 황홀하여 몸을 낮춰 땅에 입 맞추고

싶은 충동마저 느끼기도 했다. 사소한 것들에게도 가치를 느끼고, 누군가의 아픔에 깊은 연민을 가지고 다가섰다. 생명이라는 진리에 감격하고 눈물지으며 감사하였다. 온 세상은 나를 위하여 만들어졌고, 모든 것은 나를 축복하도록 존재한다고 느껴지는 순간에 알 수 없는 기쁨이 전류처럼 온 몸에 흘렀다

내 영혼은 맑고 그윽하였다. 지극히 평탄하게 살아온 예전보다 행복하고 기뻤다. 일찍이 비와 태양과 공기와 함께 해야만 모든 생명이 살아날 수 있다는 것을 알지 못했듯 이 극심한 통증에도 소리 없이 기쁨이 몰려오는 까닭을 이제야 알았다. 밥 한 숟가락을 입에 넘기는 것도, 저절로 변을 조절할 수 있는 것도, 한밤을 편안히 잠잘 수 있는 모든 사소한 일마저 신기했다. 엄청난 고통의 체험을 통하여 사소한 것이 정말 귀중하다는 진리에 눈을 뜨니 만사가 감사이고 감격이었다.

그런데 어느 날부터인가 평화롭고도 행복한 나날 속에 슬며시 하나의 욕심이 고개를 들었다. 건강하면 아무것도 바라지 않고 넘보지도 않겠다던 그런 결심은 서서히 무너지고 엉뚱하게도 다른 생각이 떠오르는 것이다. 그것은 자신이 살아왔던 길, 삶의 흔적을 남기고 싶다는 생각이었다.

용기를 냈다. 친구들의 만남도 멀리하고 잠을 줄이면서 책을 읽었

다. 간절하게 좋은 글을 쓰기를 소원했다. 그러나 온실 속에 싱싱한 꽃잎이 갑자기 뜨거운 태양 아래서 시들 듯, 금세 자신이 작아지는 느낌이 들었다. 삶의 생동감이 사라지고 주눅이 들었다. 감사가 떠난 자리에는 자신도 모르는 사이에 독버섯 같은 질투심이 깃들어 남이 가진 것을 훔쳐보고 비교하여 자신을 비참하게 만들고 있었던 것이다. 하지만, 가당치 않은 욕심이라는 것을 알면서도 멈출 수 없었다.

어제의 아름답고 행복하다고 여겼던 감사가 빛을 잃어 의미와 뜻이 사라지려는 것은 어쩌면 내 마음속에 지극히 높은 그분을 밀어내고 있음이 아닐까. 내가 그의 곁을 떠났기 때문에 삶이 황폐해지는 건 아닐까.

이제 사라진 자리에 다시 사랑하는 그 분을 만나기를 원한다. 언제나 내가 찾고 원하면 손을 내밀어 포근하게 보듬어 안아 주던 옛날을 그리며 아름답고 고운 꿈을 꾸게 하는 그를 마주하리라. 그 분이 내게 주신 나만의 보물을 꺼내어 다시 닦아 내어 이웃과 함께 기쁨과 슬픔을 나누리라. 분명히 나에게도 좋은 것을 주셨을 것이니 소중하게 다루고 살리라. 비록 만족한 글이 써지지 않을지라도 세상에 존재하는 것으로 감사하리라.

그 분이 나에게 주신 것은 세상에 하나뿐인 생명의 축복이라는 것을 확신한다.

내 안의 보배

나는 매주 호스피스 봉사를 나간다. 사람들은 호스피스 봉사를 한다면 무슨 대단한 일이라도 하는 것처럼 감탄사를 연발한다. 그럴 때마다 부끄러워진다. 내가 호스피스 봉사를 하는 것은 희생정신이 투철해서가 아니라 다만 암과 싸워 이겨낸 경험이 있는 사람으로서 그들의 고통을 함께 나누는 것이 당연히 해야 할 일이라고 여기기 때문이다.

나는 직장암을 수술했으나 장암으로 재발하여서 삶과 죽음의 갈림길까지 갔다 왔다. 투병은 내 삶의 전환점이 되었고 그래서 시작한 일이 암과 싸우는 이들을 섬기는 일이다. 암환자들의 고통을 누구보다도 잘 알기에 그들의 고통을 외면할 수 없었던 것이다. 또한, 내가 받은 사랑이 크기에 빚을 조금이라도 갚는다는 속내였고, 목숨을 연장해 준 신에 대한 보답이기도 했다.

그렇게 시작한 호스피스 봉사가 벌써 15년이 넘었다. 이제 암환자는 내 가족 같고 친구 같다. 그런데도 첫 방문일 때는 아직도 두렵고 떨린다. 늘 하는 일이지만 항상 조심스러운 까닭이다. 오늘도 그렇다. 대장암을 수술하고 퇴원한 환자와 유방암이 폐로 전이되어 병원을 드나드는 환자를 만나야 하는데 첫 방문이라 잔뜩 긴장이 되었다.

서초동에 사는 대장암 환자 A는 오늘이 첫 만남이다. 대학교와 고등학교에 다니는 남매를 둔 엄마로서 안정된 가정을 꾸려온 행복한 주부였다. 처음엔 대장암 말기라는 진단을 받았으나 수술 후에 초기판정을 받은 매우 다행스러운 경우였다. 진단받고 두려움에 많이 떨었다고 하는데, 결과가 좋아서 그런지 수술을 마치고 집에 돌아온 A는 환자답지 않게 단정해 보였다. 나도 투병생활을 했었노라고 했더니 얼굴이 환하게 밝아졌다. 건강한 내 모습을 보니 안심이 되는 모양이었다. A는 첫 만남인데도 그동안의 아픈 경험을 다 털어놓으며 마음을 터놓았다. 나의 말을 경청하고 메모까지 하는 투병 의지를 보였다. "부러워요" 하며 미소까지 지었다.

오금동에 사는 환자 B는 유방암이 폐로 전이된 상태였다. 한 달 동안이나 병원에 있다가 퇴원했다는 그녀는 더운 여름인데도 이불을 뒤집어쓰고 누워 있었다. 우리를 보고 겨우 몸을 일으키는데, 모든 것을 체념한 듯 괴로운 표정이었다. 처절한 아픔으로 그녀의 영혼은 황폐되어 가고 있었다. 다리를 주물러 주는데 뼈만 앙상했다.

남편이 비타민 요법이 특효라며 민간 요법을 고집하는 바람에 밥을 먹지 못해서 체중이 6kg나 빠졌다고 했다. 검증되지 않은 대체 요법은 오히려 부작용을 일으킬 수 있기에 걱정은 되었지만, 가족이 하는 일이라 어찌해 볼 도리가 없었다. 다만, 근심 어린 표정으로 하소연하는 그녀의 말에 귀 기울여 줄 뿐이었다.

모든 것이 정지된 것처럼 보이는 침울한 집안 분위기에서 알 수 있듯이 B의 투병은 벌써 5년을 넘어서고 있었다. 암 재발로 병원을 드나들며 절망하고 있었으니 무슨 정신이 있어 살림을 챙겼겠는가. 그녀에게는 아무것도 해줄 수 없는 것 같아서 나는 어수선한 방안을 쓸고 닦았다. 부엌에 쌓인 그릇을 씻으며 가족들의 마음을 헤아렸다. 가지고 간 찬거리를 다듬고 씻어 정성껏 음식을 만들었다. 다행스럽게도 그녀가 맛있게 먹었다. 그녀의 먹는 모습을 보니 주체할 수 없을 정도로 기뻤다. 나는 그녀의 손을 꼭 잡아 주고, 암과 더불어 힘차게 살자고 토닥여 주었다. 손을 타고 그녀의 고통이 내게로 전해져 왔다. 그녀에 대한 안쓰러움으로 가슴이 미어졌다.

신은 인간에게 죽음에 이르는 고통을 왜 주었을까? 통증을 견디면서 자신을 철저히 참회하라고? 아! 누구나 마지막 가는 길엔 고통이 없기를 원하는데….

나는 지난날, 낙담한 데서 오히려 기쁨과 안도로 가슴 벅찼던 기억을 떠올렸다. 캄캄한 터널에서 밝은 햇빛을 보고, 고통 중에서도 행복한 순간들을 맛보며, 아픔 뒤에도 얻어지는 것이 있다는 것을 깨달을 수 있었다. 비록 삶과 죽음의 갈림길에 서 있는 그녀를 지켜보며 아무것도 해 줄 수 없는 상황이 안타깝기는 했지만 두려움에 떠는 그녀와 시간을 함께 보낼 수 있는 것과 그녀의 이야기를 들어줄 수 있다는 사실만으로도 보람을 갖자고 마음을 다독였다. 그리고 간절히 기도했다. 부디 그녀가 믿음과 기도로 평안을 누릴 수 있도록, 내게 베풀어 주신 그 은혜를 동일하게 베풀어 달라고 기도했다.

암환자들이 나날이 늘고 있다. 네 사람 중의 하나라고 할 정도로 흔하다. 내 가족 중에도 첫째, 셋째 외삼촌이 위암과 간암으로 돌아가셨고 내 오랜 친구 하나도 신장암으로 잃었다. 그러나 고통과 싸워 죽음을 이긴 사람들도 많다. 암이라는 진단을 받았을 때, 90% 정도는 '죽는구나' 하고 비관하거나 죽을병으로 생각하여 부정하고 분노한다. 그래서 상태가 더 악화되기도 한다. 그러나 새로운 약이 많이 나왔고 의료기술도 첨단에 이르렀기 때문에 조기에 발견하기만 한다면 거의 완치가 가능하여 이제는 공포의 대상이 아니다. 암이라는 진단을 받았다 하더라도 희망을 품고 싸운다면 반드시 이겨낼 수 있다.

"권사님은 호스피스의 보배네요."

"환자들이 권사님을 보면 힘을 얻네요."

함께 한 봉사자가 나를 한껏 추켜세운다. 그 말에 나는 가만히 고개를 저었다. 그들이 힘을 얻는 것은 내 안의 고통이며 같은 암환자였다는 동질감이다. 나는 내가 암환자였다는 사실을 숨기지 않는다. 암이라는 병을 통한 고통이 없었다면 암환자가 당하는 아픔을 어떻게 알았겠으며 아픔의 경험이 없었던들 내 행복이 어떻게 그들에게 위로와 용기를 줄 수 있었겠는가. 그러고 보면 고통이 바로 내 안의 보배다.

봉사는 상대만을 위한 것이 아니다. 내가 받는 기쁨과 사랑, 자족하는 마음이 감사로 이어지는 것을 알기에 멈춤 없이 환자를 찾아 나선다. 아픔의 경험과 행복을 말하는 것만으로도 그들에게 위로와 용기가 되는 것이 기쁘다. 내 투병 경험이 그들에게 도움이 되는 한, 나는 기꺼이 그들을 찾아 나서야 하리라. 그것이 바로 내가 호스피스 봉사를 나서는 이유이자 보람이다.

고통 중에 있는 모든 이들에게 햇살이 비치는 따듯한 봄이 오기를 간절히 바란다.

정원庭園

정원은 집의 옷이다. 어떤 모양의 정원을 만드는가는 그 집주인의 취향과 개성에 따라 다르게 나타난다. 가꾸는 사람의 부지런함과 사랑, 정성, 심미안까지 엿볼 수 있게 한다. 품격 있고 고고한 소나무는 늘 푸르고 기품이 있어 정원에서 사랑받는 수종이다. 몸집이 아담하던 소나무가 몇 년 사이 몰라보게 자라 그 키가 하늘을 찌른다. 훌쩍 자란 나무 때문에 햇볕을 받지 못한 잔디가 시름시름 앓더니 군데군데 흙이 보인다. 다시 심은 잔디도 한 해를 넘기지 못하여 기대를 무너뜨렸다. 급기야 남편이 긴 전지가위를 들었다. 그렇게 아끼던 소나무가지가 잘려나갔다. 이런 작업은 날마다 계속되었다.

삼십여 년의 아파트생활을 청산하고 꿈꾸었던 전원생활은 정원에 대한 기대로 마음을 설레게 했다. 수없이 남의 정원을 기웃거리기도 했고, 외국의 잘 꾸며진 정원 사진을 보고 심을 꽃의 종류나 색,

키의 크기에 따라 설계도를 그렸다. 평면보다 나지막한 구릉을 만들어 작은 동산에 꽃을 피우게 한다면 멋진 정원이 될 것 같았다. 맘껏 상상의 날개를 폈더니 어느새 눈앞에는 멋진 정원이 드러나는 것이다.

꽃은 한국적인 야생화로 꾸며야지…, 소박하고 작은 채송화로 꽃길이 있는 뜰을 그렸다. 그 길을 드나들면 온화한 정이 이어질 것 같았다. 대추, 감, 앵두를 심어 철 따라 풍성한 열매를 맺게 하고 싶었다. 더욱이 가을이 되면 잎을 떨어뜨린 앙상한 가지에 매달린 빨간 감에 발길을 멈추어 향수에 젖을 것을 상상하면 벌써 가슴이 울렁거렸다.

그러나 남편은 유실수는 꽃에 벌레가 많이 모인다고 싫어했다. 서로 실랑이를 하다가 남편의 의견에 밀려 내 꿈을 접었다. 그 대신 잔디만 심고 살아가면서 한 그루씩 예쁜 관상수를 심자고 하였다. 잔디를 보러 간다며 집을 나간 남편은 싱글벙글 기분이 좋아 돌아왔다. 잘 생긴 소나무와 단풍나무, 잔디를 샀으니 내일 심을 거란다. 거기다 덧붙여 당신 좋아하는 감나무와 대추나무, 모과나무까지 샀으니 잘한 일을 했다는 듯 칭찬 듣기를 바라는 눈치다. 다음날 해가 질 무렵 엄청난 아름드리나무가 대형차에 실려 들어왔다.

갑자기 길목이 큰 나무로 가득 찼다. 동네 사람들은 신기하다는 듯, 의아한 얼굴로 다가와서 하나하나 살펴보고 고개를 갸웃거린다. 난 어이없기도 하고, 구경하는 사람들에게 민망하고 부끄러웠다. 공원을 조성하여 그늘을 만들 셈이라면 몰라도 가정집 정원에는 가당치 않은 나무들이다. 정원사와 한참을 실랑이한 끝에 겨우 제일 큰 나무 서너 개를 돌려보냈다. 남편은 몹시 기분이 나빠서 밖으로 휭 나가 버렸다.

그렇게 만든 내 집 정원은 봄부터 꽃들이 피고 진다. 제일 먼저 수선화, 튤립으로 시작하여 목련, 매화가 피고 진 후에 영산홍이 피고, 모란꽃이 필 즈음까지 정원은 봄의 향연으로 화려하다. 여러 가지 꽃이 피고 진 후 무더운 여름철이 되면 현관 앞 중앙에 홀로 고고하게 서 있는 목백일홍(배롱나무)은 끝없이 꽃이 피고 지고, 지고는 핀다. 자잘한 꽃이 여러 개가 아무도 모르게 거듭 피어나는, 너무도 섬세한 꽃이다. 더욱이 봄철의 매화는 피는 시간이 짧아 아쉬움을 남기지만 목백일홍의 꽃은 어느 꽃보다 오래간다. 백 일을 핀다 하였으니 초가을로 접어드는 계절까지 홀로 고고하게 피어 있는 꽃인지라 유난히 돋보인다. 저녁노을 빛에 곱게 물든 분홍빛이 푸른 소나무와 어울려 있으면 그 빛이 선명하여 넋을 잃는다. 더구나 추위에 약하여 겨울에는 몸을 싸주었던 나무라서 애착이 간다. 꿋꿋한 소나무가 남성이라면 자잘한 연분홍으로 피는 목백일홍은 여성이라

할까. 그리고 울타리에 핀 붉은 장미꽃이 맘껏 요염함을 뽐낸다.

방문객들은 마당에 발을 들여놓으며 으레 초록 잔디에 탄성을 보내며 잔디는 누가 가꾸느냐고 묻는다. 집안에 들어가는 것을 잠시 잊고 잔디에 앉아 소녀처럼 포즈를 취하며 카메라를 갖고 오라는 주문을 한다. 잔디 위에 앉아 소녀 시절을 회상하며 즐거워하기도 한다. 초록 잔디가 주는 쾌적함과 평안함이 마음의 여유를 주는가 보다. 때맞추어 거름을 주고 물도 주어 어린애처럼 정성들여 땀 흘리며 키운 잔디가 보답하듯 이렇게 남을 즐겁게 하니 기쁘고 보람 있다. 아침에 눈을 뜨자마자 마당에 엎드려 잡풀을 뽑는 수고도 다 잊어버리고 만다.

주말마다 찾아오는 손자와 손녀는 잔디 위를 폴짝거리며 뛰다가 그것도 성에 차지 않으면 아예 뒹군다. 그러다 벌렁 누워 하늘을 바라본다. 옷 버린다는 어미의 말에도 상관없이…. 눈에 넣어도 아프지 않을 손자들이 깔깔거리며 웃고 뛰며 노는 모습에 가슴이 벅찼다.

정원을 만들 때 내 의견만 고집하여 야생화를 심었다면 어떠했을까, 남편과 타협하여 잔디를 심은 것은 참 잘한 일이다. 결혼생활 40여 년 동안 때로는 불평을 하기도 하고, 의견충돌도 있었으나 서로 양보하고 절충하며 정원을 가꾸듯 살아온 지난날이 감사하다. 심을 때 아담하던 소나무도 올해 유난히 잘 자라서 그늘을 드리웠다. 소나무 아래 예쁜 탁자를 놓고 쉼의 여유를 누리기도 하고, 손님에게 차를 권하는 자리로 한다. 가족이 다 함께 차를 마시며 이야기하는 동안, 우리 집은 '홈 스윗 홈'이 된다.

뿐인가. 계절에의 정감, 온 가족에의 정감을 한껏 더해 주는 내 정원의 나무들에게도 감사한다. 정원을 꾸미고 가꾸는 남편에게도 감사한다.

가족

아들 녀석 장가드는 날이었다. 새벽부터 일어나 신부 화장하듯이 한껏 치장을 하고 식장에 갔다. 새 식구를 맞이하는 기쁨에 마음도 잔뜩 부풀었다. 목례로 맞는 손님마다 축하인사와 예쁘다는 칭찬을 아끼지 않으니 내 입가가 자꾸만 올라가는 느낌이다.

그때, 한 여인이 빨간 원피스에 광대 같은 화장을 하고 양손에 어린아이를 질질 끌고 들어왔다. 화려한 장소에 어울리지 않는 모습에 나도 모르게 눈살이 찌푸려졌다. 더 황당한 것은 "언니!" 하며 내 앞으로 다가서는 것이 아닌가. 주위의 시선이 모두 내게로 쏠렸다. 그제야 나는 그녀를 알아보았다.

70년대에, 그녀는 큰아이가 백 일을 넘길 무렵에 우리 식구가 되었다. 그 당시는 '식모' 라고 부르는 가사도우미가 대부분 가정에 있었다. 그들은 허기진 배를 채우고자 혹은 꿈에 그리던 서울을 향해 무작정 상경한 처녀들이 많았다. 그녀 역시 그랬다. 자기를 낳아 준 부모가 누군지도 모르고 양부모 밑에서 자랐으나 중학교에 다닐 무렵 양부모마저 세상을 떠나, 세끼 밥과 잠자리를 해결하려고 우리 집에 애보기로 들어온 것이었다. 그녀는 부지런해서 작은 키에 앙증스런 몸으로 힘에 부칠 정도로 열심히 일을 배우고 익혔다. 나는 그런 그녀가 안쓰럽고 기특해서 동생처럼 대해 주었다. 그래서 오래오래 같이 살고 싶었다.

그런데 그녀는 아니었던 모양이었다. 어느 날 학교에 가겠다면서 독립을 선언하고 내 집을 나갔다. 낮에는 애를 보고 야간에 학교에 보내 주겠다고 붙잡았지만, 소용이 없었다. 그러나 그녀의 꿈은 쉽게 이루어지지 않았다. 공장에서 밤늦도록 일했으나 돈을 모으기는커녕 방을 얻고 밥 먹기도 어려워서 날마다 라면으로 고픈 배를 달래야만 했다. 세월이 갈수록 희망은 서서히 무너지고 그녀는 절망했다. 결국, 더는 보고만 있을 수 없던 터라 내가 다니는 학교에 취직시켰다. 그리고 그녀는 그토록 가고 싶어했던 야간학교에 갔다.

고등학교를 졸업한 그녀는 작은 회사의 경리직원으로 취직하게 되었다. 새벽에는 우유배달을 하고 밤에는 아이들 과외지도를 했다. 통장에 늘어나는 숫자만이 그녀의 유일한 기쁨이었다. 그리고 마흔이 다 될 무렵에 꿈에 그리던 '내 집'을 장만할 수 있었다. 나는 맨션을 샀다고 자랑하는 그녀가 그렇게 대견할 수가 없었다. 그러나 기쁨도 잠깐, 돈이 행복의 전부라고 생각했던 그녀는 신경성 원형 탈모증과 외로움 때문에 고통스러워했다. 결혼을 권했지만, 그녀는 당치 않은 일이라고 일축해 버렸다.

몇 년 후, 그랬던 그녀가 한 청년을 데리고 왔다. 부모 대신 선을 봐달라는 것이다. 나는 그녀가 평탄하고 여유로운 생활로 그동안의 힘들었던 세월을 보상받기를 바랐으나 그 청년은 생활력이 없었다. 결혼해서도 계속 지금처럼 고생한다면 무슨 의미가 있겠는가. 나는 그녀가 생각을 바꿔 주기를 권했다. 이 결혼은 안 된다고 못 박았다.

"그 남자는 내 전부를 이해해 줘요. 또다시 다른 남자에게 내가 부모도 없는 고아라고 어떻게 말해요. 언니는 외로운 게 뭔지 몰라요. 잠도 못 잔단 말이에요." 그녀는 서럽게 울었다. 자신도 그 남자가 경제능력이 없음을 알지만, 점점 더 깊게 빠져드는 자신을 어쩌지 못하는 것 같았다.

그러던 어느 날, 그 청년이 찾아와 우리 부부에게 넙죽 큰절을 했다. 젊은 나이에 큰절을 받는다는 것이 민망스러워 손사래를 쳤지만, 그 절의 의미는 부모 대행이었다. '그래 너도 진짜 네 가족이 갖고 싶겠지!' 나는 흔쾌히 결혼을 승낙해 주었다. 서로 허물을 다 알고 시작하는 결혼이니만큼 서로 아끼고 사랑하라는 당부를 잊지 않았다. 결혼식은 격식을 갖춰 빈틈없이 치렀다. 우리 부부는 부모자리에 앉아서 그들이 행복하게 살기를 진심으로 빌었다.

그렇게 자기 가족을 갖게 된 그녀는 결혼하자마자 식구를 불리기 시작했다. 나이가 많아서 아기는 기대도 못 했던 그녀는 아이를 낳고 기뻐서 어쩔 줄 몰랐다. 자신이 아이를 낳은 것이 믿기지 않는다는 듯 신기하게 여겼다. 아이 양육으로 직장에 나갈 수 없게 된 그녀는 남편에게 자동차 부속품 공장을 차려 준다며 급전을 요구했다. 그녀를 동생처럼 여겼던 나는 돈을 빌려 주었다. 그러고 나서 그녀의 발길이 끊어졌다. 그녀가 장만했던 아파트도 없어지고 지하 셋방에서 하루하루 근근이 살고 있다지만 아들 딸 잘 낳고 행복하게 산다는 소문만 들었을 뿐이다.

그랬던 그녀가 어떻게 알았는지 갑자기 나타난 것이다. 제 손으로 키운 아이의 결혼식이라서 용기를 낸 것일까. 내 집에 발걸음을 끊을 때 이미 가족이기를 포기한 줄 알았는데, 나 또한 가족에서 그녀를 제외한 줄 알았는데, 이맛살을 찌푸리던 내 눈시울이 어느새 붉어졌다. 반가운 마음에 주위 시선도 아랑곳없이 와락 그녀를 껴안았다.

"잘 왔어."

굳이 말하지 않아도 고단한 삶을 가늠할 수 있는 그녀는, 오늘 새로 맞게 되는 새 식구만큼이나 소중한 내 가족이다.

소비는 미덕인가

힘차게 돌아가던 드럼세탁기가 갑자기 멈추었다. 난감하다. 어느덧 세탁기는 우리 생활에서 없어서는 안 될 필요한 제품이다. 소중하게 아끼던 것이고 당장 없으면 불편하기에 A/S를 불렀다. 기사는 세탁기를 살펴보더니 부속품이 품절되어 고칠 수 없다는 말을 남기고 일어선다. 겨우 몇 년 전에 산 물건인데 예상 못한 대답에 부당함을 말했다. 새로 사서 쓰라며 죄송하다는 말을 남기고 가 버린다. 가전제품은 한번 고장 나기 시작하면 자꾸 반복해서 수리하게 된다. 드럼세탁기는 다른 세탁기보다 두 배의 값을 지불하고 샀는데, 오히려 수명은 절반에도 못 미치니 이해가 안 되고 억울하기 그지없다.

사람들은 보통 새 아파트로 이사하면 전에 쓰던 물건을 다 버리고 새로 장만한다. 새로 산 살림살이로 하여금 자신이 한 단계 격이 높은 살림을 한다고 여겨지나 보다. 새 삶에 대한 희망으로 들뜬 그들은 손때 묻은 정감 따위는 아랑곳하지 않고 새 집에 맞추어 살림 전체를 바꾸는 게 유행처럼 된 오늘이다. 이사하며 바꿀 수 없는 것 한 가지가 남편이라는 친구의 우스갯소리에 박장대소한 일도 있었다.

나날이 홍수처럼 쏟아져 나오는 물건들로 어떤 것을 취사선택할지 몰라 고민할 때가 잦다. 몇 년 전에는 디지털 TV를 사려고 가게를 기웃거리자 젊은 점원이 날보고 자녀를 데리고 오라고 했다. 당황스러웠다. 그만큼 디지털을 알지 못하는 세대라는 것인데, 어처구니도 없거니와 어느덧 한발 처진 세대로 몰리고 있다는 게 서글펐다.

우리가 살아가는 데 정작 꼭 필요한 물건은 갖고 있는 물건의 절반도 안 된다. 그만큼 우리는 많은 세간을 가진 셈인데, 집안에 쌓아놓은 물건 때문에 공간은 비좁고 집안은 복잡하다. 다시 사지 않겠다고 다짐하지만 얼마 못 가서 다짐은 어느 결에 날아가고 습관적으로 다시 아무 생각 없이 물건들을 사들인다.

얼굴이 다르듯 씀씀이 또한 다르다. 쓰는 취향도 각양각색이다. 어떤 이는 유행 따라 옷 사는 데 치중하여 수시로 옷가게를 기웃거리는가 하면, 집치장에 열중하는 사람은 거의 연중행사로 집수리를 하고, 게다가 가구까지 바꾸는 일들을 취미로 하고 있다. 대다수 사람은 몸에 좋다는 건강식, 맛있다는 음식점을 아주 먼 곳일지라도 찾아다닌다. 사람들은 소비 형태를 보고 그 사람의 경제능력을 가늠하는지라 씀씀이가 큰 사람을 선호하는 편이다.

음식이 부족하던 시절에는 상에 음식을 남겨 아랫사람들에게 물려주었다. 또한, 끼니때 찾아드는 나그네나 손님을 의식하여 음식을 넉넉히 장만하기도 했다. 그런 풍습 때문일까, 먹고 남은 음식이 없으면 '복이 없다' 든지 '손이 작다' 라며 마땅찮게 여겼다. 음식점에서도 먹을 만큼만 주문하면 될 것을, 전에 못 먹고 살던 시절을 보상받으려는 듯 먹고 남을 만큼 과하게 주문을 한다. 어느 식당을 가건 찬을 무상으로 주는 인심은 우리만의 문화가 아닐까 한다. 하지만, 미덕이 미덕으로만 여겨지지 않는 시대이다.

고유가와 실업으로 서민경제가 어두워지고 있으나 소비 쪽만 보면 불경기란 말이 무색해진다. '저축' 은 지금 낡은 말이 되었지만, 예전에는 저축 장려 정책으로 저축의 날에는 빠짐없이 푼돈을 많이 모은 사람에게 상을 주었다. 그러나 요즘은 수입 일부를 떼어 저축하기보다 대부분 소비에 치중하고 있다. 분수에 맞는 생활과 미래를 염두에 두지 않는다. 모든 것이 넘쳐나는 세상이다 보니 스스로 절제하고 선택하기가 어려운 모양이다.

나는 어머니의 계획성 있는 살림살이를 보고 자란지라 지나치게 분에 넘치는 소비는 죄악시하는 경향이다. 어머니는 헤프게 쓰다

모자라서 남한테 손을 내밀거나 피해를 주는 사람을 멸시했다. 궁핍했던 과거 생활에서 절약은 필수였고 저절로 몸에 밴 정신이다. 수입과 지출의 비중을 적절하게 배분하는 지혜도 터득하였다. 그러기에 언제나 겸손하게 분수에 맞는 생활을 중요시한다.

지금은 풍요로운 시대, 물건이 넘쳐나는 시대다. 저축을 강요하는 것은 시대에 뒤떨어진 생각이라 치부하더라도 카드 연체로 범죄를 저지른 사례가 종종 있는 것은 참으로 안타까운 현실이고 자신을 나락으로 추락시키는 일이라 더욱 그러하다. 문제는 자신이 선택한 가치에 따라 삶을 평가하는 것이다. 산더미같이 쌓인 물건, 현란한 불빛 아래 새롭고 신기한 상품들이 소비자들을 유혹한다. 날마다 유행을 탄생시키고 그 유행을 좇아 사람들은 살아가고 있다. 소비가 미덕인 시대에 돈이 없어도, 사고 싶은 마음이 없어도, 저절로 사게 되는 경험을 하게 된다.

부자가 되기도 어렵지만, 부자가 되어서도 검소하게 살기는 더 어렵다. 적게 갖고, 적게 쓰고, 적게 버리는 전통적인 청빈정신을 회복해야할 때가 지금이 아닐까 생각한다.

네팔의 살아 있는 신

다리에 힘이 있을 때 여행해야 한다고 한다. 그건 건강할 때 여행을 하라는 뜻이기에, 가까운 중국여행은 미뤄두고 먼 나라부터 시작하기로 했다. 고생스럽다는 인도, 네팔을 주저하지 않고 정한 것은 알려지지 않은 문화와 풍속에 대한 호기심이 일어서였다. 더욱이 함께 떠나는 일행이 글 쓰거나 가르치는 사람들의 테마 여행이라 더욱 기대가 컸다.

델리에서 네팔행 비행기를 타려고 공항에 들어섰다. 공항건물 입구에는 군인 복장을 한 사람이 출입구를 지키고, 비행기 표가 없는 사람은 건물 안으로 들어가지 못하게 살피고 있었다. 그렇게 삼엄한 공항 건물 안은 온통 쓰레기장이었다. 음료수 쏟은 자국, 침, 껌, 과자 봉지와 휴지조각, 알루미늄캔, 누군가 토한 자국까지 온갖 더러운 것이 바닥과 의자에 널려 있었다. 발을 어떻게 디딜 수 없었다. 공항이 어찌 이럴 수가 있을까. 안내자에게 물어 보니 파업 중이라는 답이다. 파업 중이라도 외국인들이 드나드는 국제공항을 이렇게 방치하다니 말도 안 된다고 우리 일행은 소리 높여 성토했다.

비행기에서 내려다본 네팔은 온통 산이다. 높은 산등성이에 집들이 옹기종기 모여 있다. 산이 높으리라 예측했는데 우리나라 산과 크게 다르지 않다. 떠날 때의 우리나라 겨울 추위와는 다르게 한낮은 무덥게 느껴졌다. 공항에서 버스로 박터풀(Bhaktapur)로 이동했다. 풀풀 날리는 먼지로 앞이 희뿌옇다. 차선도 없는 길에 흔들거리는 낡은 버스가 위태롭게 앞을 향하여 속력을 낸다. 나무 한 그루 없는 길가에 건물들이 흙먼지를 둘러썼고, 허름한 벽돌집은 마치 사람이 살지 않은 듯 보였다. 우리나라의 산천초목의 산과 들, 물의 적절한 조화가 새삼 아름답고 자랑스러웠다. 어느 나라건 풍요로운 자연은 삶을 윤택하게 한다. 삼십여 년 전 처음 미국 땅을 밟는 순간 넓고 비옥한 땅의 아름드리나무를 보고 경탄했고 우리나라의 작은 땅덩이에 구차함을 느꼈었는데, 이번엔 그게 아니었다.

이 나라 사람들은 한 끼의 식사를 위하여 비탈진 산을 온 종일 걸어서 양식을 등에 지어 날라야 하고, 산이 많아도 물이 부족하여 아낙들은 물동이를 머리에 이고, 물 한 동이를 얻으려고 몇 시간을 걸어서 가야 한다. 곡식을 자루에 넣고 시든 채소를 바닥에 진열해 놓은 길가 가게의 모습이 구차해 보인다. 예전의 우리 시골장터를 닮았다. 사원입구에도 조잡한 물건들을 좌판에 펴놓고 파는 모습이 옛날 우리네와 흡사했다. 나무로 지은 사원과 왕궁은 여러 모양의 정교한 조각이 눈길을 끈다. 뛰어난 솜씨였다. 그런데 보전이나 관리를 하지 않아 안타까웠다.

사원을 관람하고 나오자 사람들이 웅성거리고 있어 가까이 다가가 보았더니 불로 까맣게 그을린 소였다. 생경한 모습에 고개를 급히 돌렸다.

어느새 구걸하는 아이들이 따라붙었다. 일행들은 준비해 온 볼펜이나 동전을 나누어 주었다. 내 손에 쥐어진 지갑을 보자 아이들이 서로 앞 다투어 낚아챌 듯이 몰려들었다. 황급히 잔돈을 다 털었다. 많은 수의 아이들이 갖기에는 역부족이라 빈손인 어린 소녀의 풀죽은 모습이 가엾다. 미리 잔돈을 바꾸어 오지 않음을 후회했다.

어린 시절 전쟁 후의 가난이 떠올랐다. 가난은 그들의 잘못이 아니다. 그리고 우리가 불쌍하다고 생각하는 것처럼 그렇게 불행하게 느끼지 않을 수도 있을 거라 생각했다. 그들의 삶이 불편한 것조차도….

캄캄한 밤에 비포장도로를 지나는 동안 버스가 몹시 흔들렸다. 낡은 버스가 고장이라도 나서 멈추는 것이 아닌가 걱정했다. 고원을 지나 해발 2,250m 높이의 나가르코트(Nagarkot)에 가는 길이었다. 칠흑 같은 어둠은 낮에 보았던 가난의 구차함과 더러움을 덮어 감추었다. 차내에 있는 사람들은 피곤함에 지쳐 잠이 들었다. 몇 시간을 왔을까. 드디어 히말라야 일출을 감상하고 쉴 호텔에 도착했다. 산 속에 있는 호텔은 아담한 예쁜 산장 같았다. 잡풀이 우거진 산등성이 위에 우뚝 선 순간 하늘을 보고 감탄했다. 수많은 별이 금방이라도 쏟아질 듯해서였다. 빛나는 별들이 네팔의 삭막한 고원에 있다는 것은 색다른 풍성함이다. 별들엔 비밀을 간직한 신비가 담겨 있다. 그 신비로 내 영혼이 빠져들 것만 같다. 호텔 뷔페식당은 버스로 오는 내내 보았던 초라한 가게 안의 몇 가지 물건과 구차한 행색의 여인과는 전혀 다르게 풍성해서 놀랐다.

이튿날 네팔의 수도이며 가장 큰 도시인 카트만두에 도착했다. 카트만두는 나무집이라는 뜻이다. 집 앞에 삼삼오오 남자들이 모여 잡담하고 있었다. 주위는 오물이 흘러나와 지저분하고 역겨운 냄새로 비위가 뒤집혔다. 도처에 널린 쓰레기가 넘쳐나 불결하다. 내가 겪은 피난살이도 저렇게 비위생적으로 살지는 않았다는 생각에 우리 부모나 조상에 대한 우월감이 생겼다. 우리는 백의민족이라는 긍지까지 있지 않은가. 나는 그들이 할 일 없이 떼 지어 잡담하는 사이에 협동하여 집 앞의 오물과 쓰레기를 치우면 얼마나 좋을까를 상상하고 그들의 게으름을 탓했다. 네팔 사람들은 대부분 시간을 기도로 보낸다고 한다. 그들이 믿는 힌두교는 환생과 윤회, 내세에 대한 바람뿐

낙후된 사회와 비위생적인 생활을 바꾸려는 노력은 하지 않는다.

2천 년의 역사를 지닌 유적지 사원 스와얌부나트 건너에는 힌두교의 성지인 파슈파트나트(동물 신) 사원과 화장장이 있다. 실개천 같은 작은 강가에서 죽은 자의 예식이 성스럽고 경건하게 치러지고 있었다. 종교적인 장례는 나무를 쌓아 시체를 그 위에 눕히고 불을 지피는 절차인데, 내게는 혐오감을 일으켰다. 흉물스런 것을 보지 않으려고 일행은 흘금거리며 피하기도 했지만 나는 호기심을 가지고 가까이 가서 보았다. 머리털 타는 고약한 냄새와 메케한 연기 때문에 코를 막으면서까지.

쿠마리 사원 안에 살아 있는 여신이 있다는 말은 호기심을 일으켰다. 쿠마리는 여러 종족 중 네와르 족이 믿는 여신이다. 오래전부터 왕조의 번영을 위하여 육칠 세 된 어린 여자 아이를 뽑아 여신으로 섬겨 숭배하여 왔다. 정부에서 경제적인 지원을 하고 신에 대한 대우로 부모들은 어린 딸을 신으로 바치는 것을 명예롭게 생각한다. 신으로 뽑힌 아이는 붉은 천으로 옷치장을 하고 눈초리를 귀 밑까지 그린다. 사춘기가 되어 생리가 시작되면 여신의 자격이 박탈되어 평민으로 돌아온 쿠마리는 결혼하지 못하고 홀로 쓸쓸하게 지낸다. 결혼을 하면 남편이 죽는다는 속설로 남자들이 신으로 추앙받던 그녀와는 결혼하지 않으려 하기 때문이다. 그러니 평범한 삶인 어머니나 아내의 노릇도 못하고 일생을 마친다. 교육을 받지 못한 데다 사회성도 없어 스스로 일을 하기도 어렵기 때문에 창녀가 되기도 한단다. 이런 사실을 들으니 측은한 마음과 착잡한 심정이라 한참을 멍하니 서 있었다.

살아 있는 신 쿠마리 얼굴을 볼 수 있다 하여 신전에 들어갔다. 마당에 들어찬 관광객들이 2층을 향해 고개를 빼고 있었다. 마당 한가운데 있는 함 속에 몇 푼의 돈을 넣으면 하루에 한두 번은 얼굴을 볼 수 있다. 한참을 기다리니 쿠마리가 2층 창문으로 상반신을 잠깐 비쳤다가 사라진다. 화장을 하고 곱게 차려입었지만 아이의 얼굴은 예쁘거나 남다르지 않은 그저 평범한 아이에 불과했다. 살아 있는 신에 대한 경이로움과 신비함을 바랐던 나는 슬며시 실망이 밀려 왔다.

때마침 쿠마리를 뽑는 행사가 있었다. 아이와 부모들이 함께 앉아 있는 자리에는 제사상처럼 음식을 진열해 놓고, 같은 모양의 옷과 진한 화장을 한 아이들이 대기하고 있었다. 경제적인 혜택 때문인지 명예라고 생각해서인지 종일 내리쬐는 햇살 아래에서 선택받기를 기다리고 있다. 후보 꼬마들은 자신의 미래를 알고나 있는지 생글거리고 있다. 여행자인 나는 아이의 장래를 생각하니 그저 안타깝고 가엾어졌다. 그러나 그들이 믿는 종교가 그러하고, 쿠마리 되는 것이 그들의 꿈인 것을 우리가 어찌하겠는가.

나이

달력이 달랑 한 장 남았다. 한 장마저 떼고 나면 새해가 되고, 나이 한 살을 더 먹는다. 나이 한 살을 더 먹는 것이 뭐 좋을까마는 이번에는 '지공(지하철 무임승차)' 이 되기 때문이다. 지공은 완전한 노인을 뜻한다. 일 년 전에 지공이 된 남편은 지공을 거부한다. "돈도 많네. 여태까지 낸 세금이 얼만데…" 투덜거려도 끄떡도 하지 않는다. 경로석 자리가 비어도 앉지 않고, 휴대전화도 노인요금제를 거부하고 일반요금을 낸다.

왜 나이를 예민하게 의식하는 걸까. 차마 입 밖으로 내뱉지는 못하지만 '나이 듦' 에 대해 열등감 같은 것이 숨어 있는지도 모른다. 나이에 민감하게 반응한다는 자체가 나이가 들어가고 있다는 증거이기도 하니까.

나는 언젠가부터 사람들의 나이를 헤아리는 버릇이 생겼다. 아마 내 얼굴에 주름이 생기고 머리에는 하얀 눈이 내리기 시작하고부터

일 것이다. 상대방의 얼굴을 보고 내 나이와 비교, 가늠해 본다. '몇 살일까? 내 또래쯤 되는데…' 물어 보고 싶지만 참는다. 그건 누가 내 나이를 물으면 나도 싫은 것과 마찬가지로 남도 그럴 것이기 때문이다. 나는 '실제보다 더 나이 들어 보이지는 않는가?' 에 늘 신경을 쓰는 편이다.

나뿐일까. 지난번 단체여행길에서였다. 비슷한 연배가 모였는데, 한 여인만 15~6년 정도 젊었다. 나이가 어린 게 아니고, 실제 나이보다 그만큼 젊어 보였다. 믿어지지 않는다는 사람들의 감탄사에 그녀의 얼굴은 더 환해진다. 그녀의 젊음에 대해 부러움을 노골적으로 드러내는 또래 여인들은 관광은 뒷전이고, 오로지 '젊게 보임' 에만 관심을 두었다.

여론조사에 의하면, 여자들은 실제 나이보다 젊다는 말을 들었을 때가 가장 기쁘다고 한다. 여자뿐일까. 누구나 실제 나이보다 젊게 보인다면 좋아한다. 요즘엔 남자들도 화려한 옷을 입거나 화장을 한다. 이젠 성형수술까지도 남녀 가릴 것 없이 모두 선호한다. 심지어는 주름살 성형까지도 유행처럼 번지고 있다고 하니…. 세상 많이 변했다. 오십이 된 사람은 사십을 부러워하고, 팔순에는 환갑을 보고 젊다고 말한다. 보통 자신의 얼굴과 모습을 타인과 비교하고 상대방의 나이를 헤아리지만, 자신의 나이는 밝히기 꺼린다. 오십이 되어도 사십이라 우겨대는 것을 보면, 자기 나이를 남이 보는 듯이 정확하게는 느끼지 못하는 모양이다.

그러다 문득, 타인의 얼굴을 통하여, 또는 길거리의 쇼윈도에 비친 자신의 모습을 보고 자기 나이를 확인하게 될 때는 처음에는 수긍하지 않고 이리저리 구실을 찾는다. 결국, 우울증에 빠지는 일도 있다. 항상 "5년만 젊었으면 좋겠다"라고 노래하는 친구도 있었다.

"할머니"

처음이었다. 누군가를 부르는 그 소리가 나를 두고 한 말이라는 걸 알았을 때의 당혹감이라니…. 마치 벼랑 끝에 선 것처럼 두렵고 황당했다. 얼마 전에는 광화문으로 가는 좌석버스를 탔다. 중간지점이라 늘 그렇듯이 빈 좌석이 없었다. 갑자기 웬 청년이 일어나며 좌석을 양보했다. 나는 부끄럽기도 하고 미안해 사양했다. 그랬더니 청년은 곧 내릴 거라며 아예 출입구 쪽으로 옮겨 가는 게 아닌가. 나는 부담 없이 자리에 앉았다. 그런데 종점에서 내리려 할 때, 아직도 그곳에 서 있는 청년을 보았다. 그때의 고마움과 당황스러움이라니, 지금도 잊히지 않는다.

사회는 그 사람의 능력이나 경험보다 나이라는 기준선에서 평가할 때가 많다. 홍수같이 쏟아지는 것들에 밀려 폐기당하는 물건처럼 늙은이는 뒷전 신세가 되어 버린 요즈음이다. 그렇지만 늙었다고 자신을 폐기처분해서는 안 된다. 노년은 젊은 시절에 자식들을 키우느라 미뤄두었던 일들을 할 수 있는 시기가 아닌가. 시간과 여유도 있고.

나는 두 번째 서른 살이 넘어 시작한 것들이 있다. 컴퓨터와 운전, 그리고 글쓰기이다. 몇 년 전만 해도 나이 든 이는 누구나 컴맹이었다. 나는 컴맹에서 벗어나려고 젊은이들과 함께 컴퓨터를 배웠다. 배운다는 것은 늘 즐거운 일이다. 생동감이 있다. 디지털카메라를 들고 산과 들로 다니며 사진을 찍는 것도 즐거움 중의 하나였고, 인터넷에 올려 서로 정보를 공유하며 보람을 느낀다. 장롱 속의 면허증도 꺼내 운전을 시도했다. 젊은이들보다 느리기는 하지만 할 수 있다는 뿌듯함으로 기뻤다. 아득했던 처녀 시절의 꿈을 실현해 보고 싶었다. 용기를 내어 창작수필반 문을 두드리기도 하고. 그동안 멀리했던 소설이나 수필을 밤낮으로 읽었다. 문우들의 책을 받으면 한없이 부러웠다. '나도 책을 내고 싶다' 라는 꿈을 안고 공부할 때는 시간 가는 게 아까워 잠마저 줄였다. 남은 시간이 짧기에 더욱 삶에 충실하고 싶고, 보람 있게 살고 싶었다.

나이 들어가면서 인격이 함양되고 성숙해진다면 더는 무엇을 바라겠는가. 젊은이들보다 좀 느리고 반짝이는 재치는 없지만, 아직 열정은 식지 않았다. 은근과 끈기도 자신 있다. 20대에는 앞날에 대한 불안과 방황의 시기라면, 30대는 끝없는 욕심으로 허우적거리고 비틀거리는 때이고, 40대는 자식들에 대한 기대와 실망으로 마음 졸였던 때이다. 난 지금의 나이가 좋다. 작은 것에 감사하고, 물질에 얽매이지 않으니 이 어찌 편안하지 않으랴. 끝없는 욕심에서 놓여 마음이 편하고 돈, 명예에서 벗어나니 그 누구와 비교하고 부러워할 일도 없다.

한 해가 기울어 가고 있다. 나이 먹었다고 기죽지 말자. 세월에 따라 누구나 공평하게 나이를 먹는다. 나도 젊은 시절이 있었지 않은가. 타인의 시선을 의식하지 말고 절대 주눅 들지도 말자. 이 나이에도 목표가 있어 해야 할 일도 있고, 할 일도 많으니 살 만하지 않은가. 그러니 해가 바뀌어도 나는 나이를 의식하지 않으리라.

흔적 같은 그리움

"내일, C의 딸 결혼식에 함께 갑시다."

C라는 말에 갑자기 가슴이 방망이질을 친다. 그저 한 번쯤 보고 싶다는 마음뿐이었는데….

단발머리소녀로 교복을 입고 만나 졸업 후에 각기 제 길을 갔다. 시원시원하고 명랑했던 그는 큰 키에 어깨가 넓어 씩씩해 보였다. 교모를 한 손에 쥐고 부산하게 건던 그 모습이 눈에 선하던 사람. 세월은 흘러 반세기가 지나 버렸다. 고위공직에 있다는 것만 풍문으로 전해 들었다. 같은 서울 하늘 아래서 사니 우연히 한 번쯤은 마주치기를 은근히 바랐었는데, 그게 그렇게 만나지지 않았다.

남편은 나의 대답을 기다리고 있었다. 그러나 거절도 승낙도 할 수 없는 어정쩡한 대답으로 자리를 피했다. 남편의 얼굴을 마주 보고 앉아 있을 수 없었다. 내 마음을 들킬 것 같아서다. 부끄러웠다. 갈까 말까 계속 갈피를 잡을 수 없이 마음이 흔들렸다. 보고 싶은 마음이야 예식장에 가고 싶었지만, 선뜻 용기가 나지 않는다. 그에게 실망을 안겨 줄 것이 두려워서다. 거울에 비친 자신을 곰곰이 들여다 보았다. 퇴색되어 윤기라곤 없는 초라한 주름진 얼굴이 낯설다. 명망을 얻은 자답게 멋진 모습으로 변해 있을 그의 모습을 상상하니 더욱 용기가 나지 않는다.

'많은 사람 사이에 얼굴만 언뜻 볼 텐데….'

'아니 얼굴은 봐서 뭘 해.'

날씨도 더운데 그냥 집에 있자고 마음을 고쳐먹었건만, 시간이 다가오자 마음이 동요되기 시작한다. 이번 기회가 아니면 영영 만날 수 없을 것 같고. 쓸데없는 자존심만 있는 나에게는 절호의 기회인데. 가서 그를 꼭 한 번쯤은 만나야 할 것 같았다. 만나지 않으면 오래도록 후회할 것 같다. 옷은 무엇을 입고 갈까, 미장원에 다녀와야지, 마음이 온통 어수선하고 조급해진다.

토요일의 예식장 앞은 자동차로 대만원이다. 차들은 한 발자국도 움직이지 않아 사람을 애타게 한다. 벌써 예정시간보다 삼십 분이 지났다. 간신히 주차장에 들어갔지만, 주차공간은 없었다. 그냥 축의금만 전해 주고 돌아올 수밖에 없다고 여기고 접수처에 봉투를 들이밀고 방명록에 이름을 기재했다. 그리곤 예식장 안에 고개를 디밀고 두리번거렸다. 넓은 예식장 안은 많은 사람으로 꽉 찼다.

수많은 하객과 기다랗게 세워진 화환들로 미루어 그가 이미 사회적인 명성과 지위를 갖추었다는 것을 알 수 있었다. 예식은 축가만 남았다. 나의 시선은 그를 열심히 찾고 있었다. 앞으로 나가서 보고 싶었지만, 그럴 수는 없는 일이다. 드디어 사진촬영, 가족사진 촬영에 시선이 집중된다. 어림잡아 눈에 들어오는 그의 모습이 희미했다. 너무 먼 거리라서 눈을 비비며 바라보았다. 도무지 옛 모습은 찾을 수 없었다. 잘못 본 것인가. 길에서 스쳤다면 그냥 지나쳤을 것이다. 우람하게 컸던 체격도 넉넉한 웃음도 찾아볼 수 없다. 지적이고 세련미가 풍겼지만 싱그러움과 패기는 사라지고 없었다. 세월의 무상함은 공허감을 자아냈다. 너무 많은 것을 변하게 했다. 그의 옆에는 풍만한 여인이 행복한 웃음을 흘리고 있다.

문득 그의 여자와 나를 비교해 본다. 마음 한 자락이 쓸쓸해진다. 빨리 자리를 뜨고 싶은데, 남편이 서둘러 그에게 다가갔다. 나는 얼굴을 마주 대할 생각에 괜스레 부끄러워졌다. '나를 알아볼 수 있을까?' 얼굴이 화끈거렸다. 진정됐던 가슴이 다시 뛰기 시작했다. 그는 남편을 제쳐두고 내 앞으로 다가왔다. 함박웃음을 머금고 두 팔을 벌린다. "그대로인데!" 그가 나를 알아보았다는 사실에 가슴이 출렁거렸다. 하늘에 닿을 듯이 기뻤다. 흥분했는가 보다. "한번, 만나요." 전혀 예기치 않은 말이 나도 모르게 튀어나왔다.

그대로가 무엇을 의미했을까. 머릿속에는 온통 조금 전에 들었던 말만 맴돈다. 궁금했다. 남편은 좋은 뜻이라 한다. 옛 모습이 그대로 있다는 뜻이라고…. 옛 모습, 젊은 날의 방황과 알 수 없는 불안으로 어두웠을 모습으로 보이는 건 싫다. 그윽한 향기를 지닌 품위 있는 변신을 꿈꾸었지만, 여전히 볼품없이 작아진 내 모습을 들킨 것 같아서 후회가 되었다. 많은 사람이 바라보는 데서, 그의 아내가 곁에 있다는 것도 느끼지 못하고 포옹하는 인사를 한 것이 부끄러워 얼굴이 붉어진다. 그리고 불쑥 튀어나온 만나자고 한 말이 두고두고 후회스럽다. 그리움을 들킨 것 같아서다.

그는 사회적으로 가정적으로 남이 부러워할 만큼 성공하였다. 월남한 실향민으로 성실한 땀과 인고의 세월을 견디어 온 그에게 마음속으로 박수를 보내고 싶었다. 가슴 뭉클한 감격으로 눈시울이 뜨거워지기도 했다. 한 시절을 함께 살아온, 지나온 삶의 뒤안길을 더듬으며 자부심으로 흐뭇하기도 하였다.

이제 명예도 젊음도 사라진 노년의 고갯마루에서 그리움도 부러움의 대상도 아닌 이미 다 흘러간 존재다. 꿈 많던 시절, 사십 년이 넘게 지난 그때 그 사람들이 그리울 뿐이다.

집에 돌아온 후 자신의 삶을 돌아보며 거울에 비춰본 나의 모습은 더욱 낯설었다. 해후상봉邂逅相逢한 그 사람은 내 모습을 보며 나의 지나온 삶의 흔적을 찾으려 했을 텐데, 어떤 짐작을 할까….

그날 밤 좀처럼 잠을 이룰 수 없었다. 이 나이에 저만치 물러가 버린 흔적 같은 그리움이 가슴을 설레게 할 줄이야. 가슴 저 밑바닥에서부터 일어나는 가벼운 흥분, 타다 남은 젊은 날의 낭만이 나의 몸 어딘가에 조금쯤은 남아 있었다니….

6월에는

담장에는 줄장미가 요염한 웃음을 흘린다. 보리수도 가지가 찢어질 듯이 붉은 열매가 주렁주렁 달렸다. 보름 만에 돌아온 내 집 마당은 떠날 때와는 다르게 딴판으로 변해 있었다. 그곳에는 나무와 잔디들이 왕성한 생명력으로 성장하고 있었다. 6월은 내일을 향하여 성장의 고삐를 당기는 시기다.

여행하는 동안 내내 씨 뿌린 밭작물이 궁금했던 나는 현관에 들어서자마자 가방을 팽개치고 밭으로 달려갔다. 눈을 의심했다. 예상은 했지만 이 정도까지일 줄이야. 텃밭은 대지를 달구는 햇볕으로 온통 초록 물결로 출렁이고 있었다. 성장의 변화는 신비감까지 자아낸다. 간간이 뿌리던 비와 작열하는 태양으로 작물들은 열매를 맺고 있었다. 씨 뿌린 지 얼마 안 된 열무는 키가 훌쩍 커서 내 몸을 숨길 정도로 자랐다. 하얀꽃이 흐드러지게 피어 꽃밭을 이루었다. 처음 보는 열무 꽃이 신기하고 눈부시다. "꽃이 피었으니 뽑아 버려요"

꽃구경하는 내가 철없어 보였는지 옆에서 밭을 매던 이웃이 성화다. 하지만 마음을 순순하고 훈훈하게 해주는 아름다운 꽃을 그냥 놓아 두고 싶었다. 또 생명을 뽑아 버리기는 아까웠다. 작열하는 태양 아래 열심히 꽃피운 열정이 흐뭇하고 씨앗을 맺을 수 있게 도와주고 싶었다.

자그마한 텃밭을 가꾼 지 여러 해가 되었지만, 도시에서 자란 나는 농사를 잘 모른다. 멀칭 비닐 씌우는 일은 아직도 어렵고, 밭 넓이를 얼마만큼 해야 할지도 모르겠고 또 해놓고 보면 모양이 영 어설프다. 밭의 경계나 이랑도 삐뚤삐뚤하다. 무슨 작물은 언제 심고 어떻게 가꿔야 하는지, 언제 거두어야 하는지 잘 몰라 애를 태웠다. 그럴 때마다 호시탐탐 남의 밭을 엿보며 따라 하는 게 전부다. 그래도 요즘은 농사꾼이 다 되었다는 말을 들을 때마다 흉내내느라 애태우던 어깨가 으쓱해진다.

나는 6월의 쌈 채소 농사가 좋다. 꽃처럼 아름다운 붉은 상추는 화수분처럼 돋아나 날마다 치마처럼 큰 잎으로 변하고, 벌레도 생기지 않아 좋다. 아침 햇살에 비친 영롱한 이슬이 데구루루 구르는 것이 마치 다이아몬드 같다. 쌈 채소는 다양한 생김새와 모양만큼이나 다른 맛을 볼 수 있다. 입 안이 매콤하여 눈물이 찔끔 나는 것이 있는가 하면 쓴맛도 있다.

매일 푸성귀가 한껏 자라는 6월 한 달은 풍성한 시기이다. 먼동이 트자마자 밭에 나가 쭈그려 앉는다. 상추를 뜯는 손이 춤을 춘다. 오늘은 봉사자의 모임이 있기 때문이다. 금세 커다란 바구니가 가득 찬다. 손톱 밑이 새까맣게 물드는 것도 아랑곳없이 뜯은 상추는 벌써 몇 바구니째다. 쉴 새 없이 쌈을 싸서 입에 몰아넣으며 누군가 "이제 그만 가지고 오세요" 하던 말이 생각나서 미소가 퍼진다. 힘들게 가져오게 해서 미안하다는 말을 그렇게 하는 줄을 알기 때문이다.

유기농 상추가 식판에 담겨진 반찬보다 인기다. 태양을 맘껏 받고 자란 쌈 채소는 건강하고 싱싱하다. 그것들은 마트에서 파는 것보다 비타민, 미네랄이 많아서 맛이 더 좋다. 나는 맛있게 먹어 주는 동료들을 생각하면 힘들다거나 몸이 고단하다는 것조차 느끼지 못한다. 더 자주 가지고 간다. 봄부터 땅을 갈고 거름을 주어 씨를 뿌려 정성껏 가꾼 푸성귀는 자라는 것을 보는 것만으로도 큰 기쁨이지만 더욱 즐거운 것은 이웃에게 나누어 주는 데 보람을 느낀다. 작은 것을 베풀 수 있는 오늘이 있어 행복하다.

쪼그리고 앉은 채 고개를 돌려 내 새끼들을 둘러본다. 먼저 오이줄기가 눈에 들어온다. 손가락 마디만한 파란 오이가 노란 꽃을 단 채로 조롱조롱 달려 있고, 실처럼 가는 줄기는 더듬더듬 줄을 타고 올라간다. 쑥갓도 쑥쑥 자란다. 며칠 전에 줄기를 잘라 주었는데 어느새 옆 가지가 나와 잎이 올라온다. 아욱도 마찬가지다. 벌써 탐스런 잎을 달고 있다. 곧게 자란 고춧대에 풋고추가 주렁주렁 달렸다. 애호박이 윤기가 자르르 흐른다. 보랏빛 가지가 조롱조롱 달려 있다. 완두콩을 거둘 시기다. 한 가지에 매달려 있는 꼬투리가 셀 수 없다. 초록의 꼬투리 안에는 콩이 알알이 담겨 있다. 열 알인가 하면 일곱 알. 까는 손길이 바쁘다. 파란 완두콩을 냉동실에 넣어 보관하면 겨울에도 여름의 맛을 보리라.

생명은 위대하다. 발걸음 소리를 듣고 자란 탓인가 채소는 나를 알아보는 듯 쉼 없이 건강하게 자란다. 작은 생명이 마음을 사로잡는다. 손자마냥 볼수록 보고 싶고 대견하고 자랑스러워 내 집에 오는 친구를 밭으로 데리고 가서 보여 주곤 한다. 작은 생명과 함께 있으면 편안하여 아늑한 기쁨을 느낀다. 세상에 있는 모든 일도 잊고 잡다한 생각들에서 벗어나 무아지경에 이르게 되는 건 무슨 까닭일까. 식물학자의 말에 의하면 영적인 충만감에 젖어 있는 식물들의 심미적 진동을 사람이 본능적으로 느끼기 때문이란다. 그래서인가 어김없이 발길은 밭으로 향한다. 정성들인 손길만큼 소중한 마음이 곁들여진다. 수고한 만큼 수확도 따른다.

나는 매일 밭에 매달린다. 토마토 줄기는 하루가 다르게 자란다. 며칠 방심하는 사이 여기저기 새순이 얼굴을 내민다. 토마토가 바르게 자라도록 곁순을 떼어 낸다. 토마토와 고추는 지주를 세워 장마철에 태풍에 잘 견디도록 끈으로 묶어준다. 해도해도 끝이 없는 일이다.

새벽 시간에 한 줄의 글을 읽거나 기도를 할 시간임에도 밭으로 뛰어나가는 자신을 책망하기도 한다. 때로는 밭을 찾는 횟수만큼 홀로 계신 어머니를 찾아뵈면 얼마나 좋아하실까 미안한 마음이 들기도 한다. 남편도 말리는, 단내가 나도록 힘든 농사일에 매달리는 자신이 도무지 알 수 없다. 더러는 힘든데 무엇 하러 고생하느냐는 이도 있다. 그러나 누가 말리랴. 나도 모르게 날이 새면 또 밭으로 달려가고 만다. 내 내면 깊숙이 무엇보다 농사를 즐기고 만족하니 자제가 안 된다. 생명의 성장은 늘 새롭고 신기하다.

나는 안다. 농사가 얼마나 힘든지, 농사꾼의 수고에 비하면 농산물의 값이 싸다는 것도 알았다. 텃밭 가꾸는 것은 경제성을 따지자면 손해다. 노동력을 제외하고라도 씨앗, 거름, 모종 값조차 나오지 않는다. 사 먹는 것이 훨씬 저렴하다. 농사꾼들이 단일 품종을 기계로 경작하고 화학 비료를 살포하여 가꿔야 타산이 맞는 것이다. 우리 식탁은 농약이 묻고 화학비료로 자란 농산물이 자리 잡고 있다. 이제 건강을 생각하는 사람들은 웰빙을 찾고 있다. 주부들은 유기농 야채 앞에서 서성이거나 몇 배나 비싼 유기농 야채를 믿고 사야 하나 망설인다. 출하할 때 농약을 치지 않는 야채만이라도 장바구니에

담고 싶어한다.

아침 식탁은 초록의 향연이다. 유기농인 고추, 상추, 오이, 쑥갓, 쌈채, 들깻잎 푸성귀로 식탁이 풍성하다. 밭에서 막 뽑아 담근 열무김치는 톡 쏘는 시원한 맛을 낸다. 혀끝으로 느껴지는 맛은 뿌듯한 보람과 즐거움을 더 한다. 모든 게 안정되고 열매를 맺는 것들로 가득하다.

나는 신에게 감사한다. 한 알의 씨앗을 백 배 천 배로 늘려 주는 자연의 무한성에 감사한다.

조용한 한낮에 뻐꾸기가 울고 들판의 논에도 초록이 채워지고 있다. 내 일상도 6월처럼 맘껏 힘을 과시하는 뜨거운 열정을 뿜어내기를 소원한다.

나는 행복하다

나는 행복하다

커튼을 젖히자 밤사이에 소리 없이 내린 눈으로 세상이 온통 하얗다. 눈에 비친 세상은 꿈속의 별천지다. 창으로 스며든 화사한 햇살이 눈부시다. 창가에 놓인 보랏빛 난과 붉은 시클라멘이 활짝 웃는 아침이다.

문득 손자의 까르르 웃음소리에 행복을 느낀다. 이른 아침에 지저귀는 새 소리에 잠이 깰 때 행복을 듣는다. 사랑하는 가족을 위해 아침밥을 준비하고, 맛있게 먹어 주는 식구들에게 고마움을 지닐 때도 행복하다. 봄바람이 뺨을 스칠 때, 언 땅을 헤집고 나온 싹을 볼 때, 깨끗이 설거지한 빛나는 식기를 볼 때, 외국에 사는 형제들의 전화 목소리를 확인할 때, 살아 숨 쉬는 몸과 마음이 건강하여 오감을 통해 전해지고 느껴질 때, 우리는 일상의 숨어 있는 작은 것에 가슴이 따뜻해진다. 이렇듯 행복은 우리 주위에 가득하다. 무심히 지나칠 일상에서 보고 느끼고 감지할 수 있는 행복의 조건들이 어찌 하나 둘이겠는가?

그런데 삶 속에서 행복과 불행의 감정을 저울로 달아 보면 오래 가슴 속에 무겁도록 머무는 것은 불행의 무게다. 행복보다 불행은 우리 마음에 오랫동안 어둡게 머물기 때문이다. 정작 헤아려 보면 행복의 가짓수가 훨씬 많다. 그럼에도, 자기가 처한 것에 대한 고마움과 감사보다 불평과 불만을 쉽게 토해 낸다. 삶을 머리로 논리적으로 풀어 갈 수 있다면 얼마나 좋을까. 그러나 행복과 불행의 잣대는 머리에 놓여 있지 않고 마음에 있다. 따라서 사람마다, 같은 것에 대해서 느끼고 받아들이는 분량이 다른 것이다. 그리하여 세상을 있는 그대로 보는 것이 아니라, 내가 보고 싶은 대로 존재하게 한다.

때로, 많은 것을 가진 이들은 얼마나 행복할까 하는 생각을 해본다. 이때 내가 꼽는 조건들은 외모가 잘 생겼다든가, 자식이 훌륭하다든가, 명예나 돈, 권력 등 눈에 보이는 것들이다. 나뿐 아니라, 흔히 행복의 기준을 남보다 많은 것을 차지하고 누리는 데 두고 있다. 많은 것을 가진 사람들이 행복할 것 같다. 그러나 불행은 모자람이 아니라 넘침에 있다. 행복은 모자람에서 채워질 때의 고마움이다. 신혼 시절 변변한 세간 하나 없던 방에 냉장고를 왕처럼 모셔놓고 매일 닦고 또 닦으며 아끼던 마음이 바로 행복이었던 것이다.

부와 명예를 가진 사람들이 행복할 것 같지만 가까이 다가가 보면 모두가 그렇지는 않다. 외적으로 갖추어져 있어도 불행을 느끼며 살고 있다. 자신이 인식하고 있는 기준점에 맞추고 미루어 생각하기 때문이다.

우리는 모두 생각도 다르고 처한 상황과 현실이 다르다. 그러나 자기 삶의 평가 기준은 자신이 갖는 마음에 있다. 그 기준과 마음도 나이와 시기에 따라 다르다.

퇴근하여 집에 돌아오는 남편은 철 따라 꽃을 사들고 왔고, 아이들과 함께 놀아 주는 자애로운 아빠였다. 이웃집 엄마는 부러움을 숨기지 못하고 "좋겠어요!"라는 말을 자주 했다. 그러나 나는 일찍 집에 귀가하는 것도 꽃을 들고 오는 것도 조금도 달갑지 않았다. 남편은 출세라는 것에 연연해하지 않았다. 그러니 내 명예욕을 채워 주지도 못했다. 높은 관직이나 유명 정치가도 아니었으니, 많은 사람이 굽실거리는 사모님이 될 수 없었다. 그런데 병이 깊어 몸을 움직일 수도 없게 되자, 조금이라도 일찍 들어오기를 바랐고 내 곁에서 아낌없이 손발이 되어 줄 때에야 비로소 남편의 애틋한 마음이 고마웠었다.

누구나 행복해지고 싶어한다. 우리는 마땅히 행복해야 한다. 잘 사느냐 못사느냐 하는 기준도 행복 여하에 달렸다. 그러나 막상 행복을 획득하면 그 행복을 느끼는 것은 그리 오래가지 않는다. 영원한 행복은 없기 때문이다. 처음 내 집을 장만하여 이사하던 날, 갑자기 새로운 세상이 열린 것 같은 남모를 환희가 솟구쳤었다. 매일, 집 안팎을 쓸고 가꾸며 자랑스러운 눈으로 바라보면서 기뻐했다. 그러나 얼마 안 가서 변하였다. 더는 대견스럽거나 자랑스럽지 않게 되었다.

얼마 전 TV에서, 남편은 하반신 마비요, 아내는 두 다리가 없는 불구로 휠체어에 의존하여 살아가는 부부를 보았다. 그들이 불행할 것 같았지만 그건 기우였다. 그들 부부는 정상인보다 더 활기차게 생활하였다. 서로 지극히 사랑하며 아이를 가지려 산부인과를 드나들며 희망에 부풀어 있었다. 서로 부족한 부분을 돕는 손길과 사랑의 미소가 가슴에 풋풋하게 다가왔다. 그들의 고난은 불행이 아니었다. 불행을 의지로 이겨내어 조화롭게 생활을 이루는, 역경 속에서 희망을 향해 가는 마음이 꽃처럼 피어났다.

행복은 내가 만들어야 한다. 공수래공수거空手來空手去, 빈손으로 왔다가 빈손으로 가는 것이 인생이다. 머릿속으로는 알지만, 자신의 삶에 실천하기는 어렵다. 나도 시한부 선언을 받은 후에야 물질에서 자유로워졌다. 그늘진 사람들과 나누는 일은 기쁨이고 행복이었다.

찬란한 앞날에 대한 약속이 없어도, 내가 묵묵히 엮어 가는 시간과 행함으로 윤기 흐르는 삶을 살아가고 있다. 부정을 긍정으로 돌리고 헤아려 보면 한없이 늘어나는 행복을 확인한다. 생각지도 못한 것에서 새로이 아름다운 행복이 찾아들 수 있다면, 이 얼마나 감사할 일인가.

스스로 묻는다. 나는 행복한가. 평범한 삶 속에서 보석처럼 숨어 있는 순간의 행복을 느끼며, 한없는 욕망에서 놓여나 자신의 가진 것에 만족한다. 내가 누군가에게 내민 손길에, 내비친 미소 속에 기쁨이 있고 행복을 느낄 수 있으면 좋겠다. 따뜻한 마음을 나누며 행복의 대열에 끼고 싶다.

찬란히 떠오르는 태양을 바라보고, 작은 화분에 물을 주고 피어 있는 꽃들과 교감할 수 있는 따뜻한 마음이 곧 행복이다. 내가 숨쉬고 살아가는 일상이 신이 내린 가장 큰 축복이다.

우리 동네

'새벽종이 울렸네. 새 아침이 밝았네~'

적막을 깨뜨리는 확성기 소리는 육칠십 년대에 듣던 새마을노래다. 노래가 끝나자 이장의 느리고 어눌한 방송이 흘러나온다. "주민 여러분, 오늘은 박 어르신의 칠순잔치가 있는 날입니다~. 여러분께서는~"

우리 동네의 아침은 이렇게 시작된다. 촌스럽지 않은 동네의 생뚱맞은 광경에 나는 번번이 웃음을 흘린다. 지금이 어느 때인가. 새천년이 시작된 지도 십 년이 다 되어 가는 마당에 그런 노래가 들리고 있다. 더구나 서울 밖 소도시라고는 하지만 개천 하나 너머에는 도심이다. 그런데 요즘 시골에서도 보기 드문 일들이 아직도 이곳에서 펼쳐지고 있어 시골인지, 도시인지 헷갈릴 때가 많다.

동네 아래쪽 평지에는 허름한 집들이 옹기종기 모여 있다. 대대로 뿌리를 박고 살아온, 같은 성을 가진 이른바 집성촌이다. 개발 탓에

논과 밭이 없어진 지금은 그렇지 않지만, 불과 얼마 전까지만 해도 농사를 짓고, 서로 일손을 돕고 살았다. 이제 대부분 농사를 짓지 않고 다른 일을 하며 살지만, 서로 오가며 경조사를 챙기고 마을 잔치를 하는 풍습은 여전하다. 봄가을로는 마을 사람들이 함께 야유회를 가기도 한다.

온 동네가 가는 그 야유회를 나는 한 번도 가 본 적이 없다. 같은 동네에 살고 있지만, 집성촌 사람이 아니기 때문이다. 우리 집은 동네 뒤편에 있는 전원주택이다. 마을 뒷산을 계단식으로 깎고 그 터에 이십여 채의 현대식 집들이 들어섰는데, 그 중의 하나다. 전원주택과 집성촌이 공존한 이 마을은 이질적인 모습처럼 이주민과 원주민이 더불어 살면서도 사는 방법도 달랐다. 게다가 서로 한 발자국도 다가가지 않으니 이웃사촌은 말뿐이었다.

한데 어우러지지 않았어도 잡음 없이 조용하던 동네가 어느 날 갑자기 소란스러워졌다. 반갑잖은 불도저의 굉음과 흙을 실어 나르는 트럭의 행렬이 이어졌기 때문이다. "주민 여러분, 발파 작업합니다!" 시도 때도 없이 확성기에 대고 고함을 질러대며 다이너마이트를 터뜨린다. 땅이 흔들리니 전쟁 때의 폭격이 생각난다. 귀를 막고 움츠려도 무섭고 불안하다. 교통 혼잡을 해결하기 위한 터널공사라는 걸 알면서도….

그러기 일 년이 지나서 산 밑에 터널이 뚫렸다. 그리고 그 옆에, 불도저가 아슬아슬하게 낭떠러지에 매달려 연방 흙을 파고 나른다. 또 다른 터널공사가 진행 중이다. 울창하게 우거졌던 산림은 어디로 가고 벌건 속살만 흉측하게 드러내 보이고 있다. 도로를 확장한다고 여기저기를 온통 파헤쳤다. 쾌적하기는커녕 먼지만 풀풀 날리고, 편리를 위한다지만 당장 소음으로 괴롭기 그지없다. 그뿐이 아니다. 뒷산의 몇 십 년 된 소나무들이 요란한 소리를 내는 전기톱에 힘없이 쓰러지고 만다. 감미로운 냄새를 풍기던 아카시아 나무와 밤나무도 몽땅 잘려 나갔다. 산과 숲이 사라진 자리에는 하루가 다르게 집들이 들어선다. 손님을 데리고 들락거리는 중개인들의 발걸음이 바빠지고, 조용하던 동네는 먼지와 자동차 소음으로 어수선하다. 하루가 다르게 변해가는 동네가 낯설게 느껴진다.

침묵하던 원주민들이 일제히 목소리를 높였다. 공사차량이 드나드는 길목을 막아서며, 조상 대대로 물려받은 땅을 지키겠다는 것이다. 외지인들을 절대 들이지 않겠다고 실랑이가 벌어진다. 살벌하기까지 하다. 그러나 봇물 터지듯 밀려오는 개발의 바람을 어찌 막을 수 있겠는가. 어떤 이들은 평생 해오던 농사에 회의를 느끼고 다른 일을 찾아 나서고, 또 어떤 이들은 치솟은 땅값을 챙겨서 고향을 떠나기도 했다.

원주민이 떠난 동네는 황폐해졌다. 도시인들이 사들인 밭과 논에는 무성한 풀들만 자라고 있기 때문이다. 자신의 소유가 아닐지라도 땅은 생명줄이라 생각하는 소박한 사람들이 하나둘씩 모여들었다. 주말농장은 정서적인 갈증을 느끼는 도시인들에게는 참으로 매력적이다. 더욱이 농촌에서 자란 사람들에게는 고향에 대한 향수를 불러일으키기에 충분하다. 직접 가꾼 농작물 덕분에 즐거워하는, 부부가 함께 땀 흘리며 수고하는 모습은 아름답기까지 하다.

그나마 소일삼아 그곳에서 조금씩 가꾸던 텃밭도 이제 사라질 모양이다. 집들이 새로 들어설 양인지 이른 봄에 철책을 쳐 놓았다. 큰 도로가 뚫리면서 부동산중개소와 음식점들이 늘어나고, 차들이 줄을 잇는다. 땅을 사려는 사람들이 몰려온다. 판교와 가깝다는 이유로 소문이 무성하다. '정말 대단지 아파트와 고급 빌라가 들어설까?' 마음이 뒤숭숭해진다.

식량을 얻는 곳으로만 생각되던 땅이 투기의 목적으로 변하고, '부동산' 하면 재산증식을 떠올리게 된다. 일부러 남들의 관심 밖의 지역을 택하여 노후에 조용히 살려고 지은 집이 얼마 살지도 않아서 개발로 다 파헤쳐졌으니, 곧 다른 곳으로 떠나야 하는 게 아닌가 싶어 불안해진다.

사람들은 이런 속도 모르고 부러워만 한다. 땅값이 올라서 좋겠다던 한 친구는 "저 이 뒤를 따라다니면 부자가 된다오" 하며 좌중을 웃긴다. 하지만 모르는 소리. 내 집터가 값이 오르면 다른 곳도 덩달아 오를 텐데 무슨 대박이나 터진 것처럼 여기는가. 그런 말을 들을 때마다 씁쓸했다. 오히려 허전하다. 나의 정든 보금자리를 잃을지도 모른다는 위기감만 커지고 있어서이다.

오염되지 않은 청정한 공기와 푸른 녹색을 그리워하는 마음은 꿈의 환상일까. 행복 지수는 물질에만 있는 것이 아니련만….

우리 집 골목 어귀까지 커다란 음식점이 들어섰다. 이를 바라보는 내 시선이 고울 리 없다. 내가 처음 이곳에 이사왔을 때 나를 바라보던 원주민들의 시선도 이랬을까.

아침마다 시끄럽게 울려대던 새마을노래가 그립다. 새소리도 그리운 오늘이다.

가을에 오신 손님

가을이 시작될 무렵 까맣게 잊고 살던 이모 내외가 찾아왔다. 나보다 나이가 한 살이 적은 이모는 같은 학교에 다녔었다. 하지만, 반세기를 넘는 동안 딸이 H대학을 나와 교수가 되었다든지 아들이 박사가 되었다는 뜬금없는 소식을 들었을 뿐 어떤 연락도 없던 터였다. 그런 이모가 언니인 내 어머니 집을 제쳐놓고 갑자기 조카인 내 집을 찾았다. 의아했다. 어린 시절 추억이 되살아나 마음이 설렜다.

이모는 자연적인 웨이브의 생머리와 화장기 없는 청순한 모습이 몇 십 년이 지난 시간이 느껴지지 않을 만큼 젊다. 뛰어난 미모로 여학교 때 많은 이의 시선을 받았고 선생님의 각별한 사랑으로 화제의 주인공이 되었던 이모다. 그러나 타인의 부러운 시선과는 다르게 몹시 외로워하였다. 구 남매의 막내인 이모는 자신의 의지와는 관계없이 부모 곁을 떠나서 살았다. 물론 자신의 장래를 위한 운명이라는 것을 알고 순응하려 애를 썼으나 점점 고독 속에 머물렀다. 언니

오빠 집을 전전하며 사춘기를 보내는 동안 늘 어머니 사랑을 갈망했다. 그러던 이모는 열렬한 사랑에 빠졌고 대학도 중도에 포기하고 부모와 형제의 반대도 무릅쓰고 결혼을 강행하였다. 그 후, 가정을 가꾸려 부엌과 침실을 드나들며 아내 역할, 엄마 노릇에만 충실히 하고 살았다.

고국에 온 이모는 제일 먼저 고향을 찾았다. 거기에는 부모의 묘가 있고 엄마 품속과 같은 그리움과 사랑이 있어 오랜 타국생활의 외로움을 풀어놓고 싶었던 것이다. 나 또한 유년 시절의 추억과 시골에 정취를 느끼던 고향 같은 곳이라 동행했다. 그곳은 전쟁 중에 내 아버지가 몸을 숨겼던 산골 동네였다. 한 학년에 남녀 학생 40여 명인 작은 시골학교는 나에게 교사의 꿈을 꾸게 했던 곳이기도 했다.

늘 가 보고 싶었던 그곳은 꿈의 고향이다. 언덕 위 동구에는 멋지게 구부러진 소나무들이 일렬로 서 있었다. 깊고 커다란 우물을 지나면 감나무 몇 그루가 그림자를 드리워 여름날의 뜨거운 햇볕을 가려주었다. 우람한 솟을대문을 들어서면 댓돌 위에 흰 고무신이 놓여 있었고, 사랑채 안에서는 긴 담뱃대 두드리는 소리가 들렸다. 부엌에는 윤기 흐르는 가마솥에서 김이 무럭무럭 나고, 안방의 높은 다락에는 내가 좋아하는 엿과 꿀 항아리가 있어 어른들의 눈을 피해 올라갔었다. 우리는 이것저것 사소한 기억들을 끄집어냈다.

시골길은 시원스럽게 뚫려 자동차는 속력을 내어 달린다. 어느 한 곳도 내 기억 속에 있는 흔적을 찾을 수 없었다. 지형도 변하는가 싶게, 동네 아이들과 미끄럼을 타고 데구루루 구르던 언덕도, 네 잎 클로버를 찾고 꽃반지를 만들던 들도 없어졌다. 밤에 호랑이가 나온다는 산도 보이지 않았고, 운치 있는 초가지붕에 대들보가 있던 대청마루는 간 데 없다. 어울리지 않는 붉은 벽돌 이층집만이 덩그렇게 서 있을 뿐이었다. 인적이 없는 쓸쓸한 고향은 세월의 무상함으로 서글퍼진다. 이모는 시간을 고정한 듯 지난 작은 일들을 기억하며 집 뒤 여기저기 흔적을 찾으려 애를 쓴다.

편안한 잠자리와 입맛에 맞는 음식이 여행의 즐거움을 더한다는데, 손님에게 어떤 음식을 대접해야 하나 걱정이 앞섰다. 그러나 오랜 타국생활이 몸에 밴 손님들은 아침에는 밥은 안 먹는다고 했다. 나는 당혹스러웠다. 나의 마음을 알아차린 이모가 자신들의 입맛에 맞는 양식을 준비하겠다고 나섰다. 이모의 손놀림은 능숙하고 언제나 정갈하였다. 정성껏 만든 음식이 그릇에 예쁘게 담긴 것은 예술이었고, 손끝에서 만들어지는 맛을 창조하는 것은 재주였다. 조리를 하는 동안 행복해하는 모습이 너무 아름다워, 보는 이로 하여금 감동과 부러움을 자아냈다. 우린 서로 잘 하는 메뉴로 매일 새로운 식탁을 꾸미며 즐거워했다. 작은 것을 소중히 여기며 가꾸는 손길은 헌 것을 새것으로 탈바꿈하여 빛을 내게 했다.

세계에서 제일 부강한 나라에 40여 년을 살아온 이모는 세월을 거슬러 조선조 여인으로 머물러 있었다. 문명을 등진 듯 순수한 우리 옛것을 사랑하여 뚝배기와 항아리를 챙겨 넣었다. 고향의 맛과 정서를 담아가고 싶은 것이다.

이모부는 커지는 짐 걱정이 이만저만이 아니다. 이민 당시보다 짐이 더 크다며 불만이다. 그러나 이모는 작은 티스푼, 과일 포크, 설거지 수세미, 행주까지 알뜰히 챙겨 넣는다. 사소하고 작은 것들을 손에 넣고 기뻐하는 것은 여인들만이 갖는 행복이 아닐까. 서로 챙겨주고 사주고, 그렇게 이모 내외는 돌아갔다.

손님과 함께 눈 깜짝할 사이에 가을이 지나가 버렸다. 손님이 떠나니 잔칫집 같던 집안이 쓸쓸하였다. 떠나보냄이 이토록 허전하여 마음이 안정되지 않으니…. 머물렀던 시간만큼이나 쌓인 정이 컸나 보다. 고요한 일상 속에 안주하던 나는 갑자기 찾아든 손님으로 시들었던 잎이 물을 만난 듯 생기를 찾았었다. 나이 들어 만남에도 어린아이처럼 들뜬 기분은 전혀 예상치 못했던 감정들이었다.

이모와 함께 한 시간은 희미한 기억을 되살리는 추억의 여행이었고 서로에게 격려와 사랑을 주는 자리였다. 세월은 우리를 비교하고 경쟁할 대상이 아닌 서로 삶을 돌아보며 보듬어 안고 사랑할 수 있는 마음을 갖게 했다.

만남은 삶의 활력소요, 귀한 은혜이다.

가을걷이

알밤이 후드득 떨어진다. 벌써 가을이 와 있다. 추수의 계절을 알아차리지 못한 사이 동네 어귀에서도 은행이 떨어지고 있다.

추석을 전후한 어느 날, 나는 매일 다니던 산에 올라가고 있었다. 그때 발 앞에 '툭' 하고 떨어지는 것이 있었다. 그게 알밤이었다. 발걸음을 멈추고 주워들었다. 윤기가 반지르르한 알밤을 보는 순간 나도 모르게 "아" 하고 탄성을 질렀다. 얼마나 신비한가. 여기저기에서 툭툭 소리가 나면 그 소리를 따라 알밤을 주웠다. 가을의 놀라운 풍요에 찬탄과 경이로 변한다. 이렇듯 일시에 쏟아지는 알밤, 신기하게도 윤기가 자르르 흐르는 것이 빛나는 밤하늘의 별처럼 반짝거린다. 온통 가시 속에 그토록 곱고 윤택한 색을 누가 만들었을까? 그래서 색 표현을 밤색이라고 했던가. 윤기 흐르는 색을 보호하려고 온통 가시로 몸을 감싸고 있는가 보다. 반짝이는 빛에 이끌려 가시덤불을 헤치다 보면 산등성이까지 올라가 있기도 했다. 그러다 보면 해가 중천에 올라와 있었고 그제야 시간이 훌쩍 지난 것을 알고 허둥거리며 집에 돌아오기 일쑤다. 어느 때는 눈에 어른거리는 알밤으로 새벽잠을 설치고 만다. 급한 마음에 허둥거리며 뒷산으로 달려간다. 유난히 윤이 나는 밤색은 사방이 어둠침침해도 자신을 드러내 보인다. 떨어져 있는 알밤을 줍는 일은 금을 캐는 듯 횡재한 기분이다. 줍는 재미에 쌓여만 가는 알밤. 어느덧 밤의 무게로 어깨가 무거워지는 줄도 모르고 줍고, 또 줍는다. 어느새 이슬에 옷이 젖는다.

어떻게 알고 찾아들었을까. 알밤을 주우려는 사람들로 숲 속은 온통 가랑잎 부스럭거리는 소리가 난다. 낯선 남자들은 배낭을 메고 할머니들은 비닐 주머니를 들고 젊은 여인은 집게를 들고 풀숲을 헤치며 알밤을 찾아다닌다.

긴 여름 동안 가시 주머니에 속살을 감추었다가 때가 되어 단단해지자 스스로 벌어져 쏟아 놓는다. 자신을 내어줌으로 유익을 주는 자연 앞에서 나도 그와 같이 되기를 바랐다.

밤은 소박한 할머니 같은 속정이 도타운 열매다. 토종밤은 작지만 달콤한 맛이 커다란 개량 밤보다 훨씬 맛이 좋다. 옛날에 먹던 단순 소박한 맛을 좋아하는 나이가 든 이들에게 더 사랑을 받는다. 가을이 되면 영양가 많은 밤을 삶아서 친구들에게 나누어 주는 즐거움으로 전원생활이 더욱 풍성해진다. 올해는 몇 십 년 만에 고국에 온 손님에게 밤을 삶아 내 놓았다. 달고 과즙이 많은 과일이 흔해도 반세기 만에 토종밤의 맛을 알아차린 그는 감회가 새로운 듯 추억에 젖는다. 빈곤한 시절에는 영양 많은 밤은 대용식이었다.

저절로 떨어지는 많은 양의 밤을 겨우내 두고 맛을 즐기고 싶은데 쉽지 않은 일이다. 금방 벌레가 생기기 때문이다. 어떻게 보관할까.

어린 시절 겨울 방학에 찾아간 시골할머니 집 뒤곁 땅 속 토굴에는 연시, 밤, 생강 등이 들어 있었다. 할머니는 토굴에서 꺼낸 밤을 긴 겨울밤 화롯불에 구워서는 손녀 입에 연방 넣어 주며 흐뭇해하시던 모습이 지금도 역력하다. 그리하여 토굴을 생각해낸 나는 김치 냉장고에 밤을 넣어 보관하기로 했다. 처음 맛이 그대로 유지되고 장시간 보관하는 방법을 알아낸 것이 참으로 기뻤다.

동네 어귀에 있는 큰 은행나무잎이 곱게 물들 때에 땅 위에 떨어진 노란 은행은 또다시 나의 발길을 멈추게 하였다. 은행의 겉껍질을 으깨노라면 고약한 냄새가 나는 것으로 보아 먹는 것으로 생각되지 않았다. 껍질을 벗긴 은행 알은 뽀얗고 예쁜 알로 변했다. 나이 육십이 되도록 노란 은행 껍질이 인분 냄새를 풍긴다는 것을 처음 알고 신기하기까지 했다.

품위 있는 고급요리인 신선로나 술안주로 쓰이는 은행이 돈 안

들이고 저절로 얻어지는 것이 송구스러웠다. 은행은 폐결핵 환자나 천식 환자가 오래 먹으면 기침이 없어지고 가래가 적게 나온단다. 신경쇠약, 전신피로, 뇌혈관을 개선해 주기도 하지만 은행 알에 독이 있어 하루 열 알 이상을 먹으면 배가 아프거나 설사를 한다고 전해진다.

씨앗이면서 열매인 밤은 영양상으로 뛰어나다. 전분, 탄수화물, 단백질, 지방, 무기염분 등 모든 영양소가 골고루 들어 있는 식품이다. 그리하여 우유가 없던 시절 갓난아기에게 밤을 삶아 암죽을 쑤어 먹였다.

밤은 명절 제수로 필수품목이다. 제삿날 큰아버지는 숫돌에 창칼을 갈아 정성껏 친 밤은 마치 보석같이 정교하였다. 제기에 각이 정연히 난 밤을 제사상에 올린 걸 보면 신비했다.

60년대에는 차가운 겨울밤 도심 거리에는 카바이드 불빛 아래 군밤 장수들이 많았다. 칼집을 내어 연탄불에 구운 속이 노란 군밤은 행인들의 발걸음을 멈추게 했다. 그만큼 밤 굽는 냄새는 구미를 당기게 한다. 마땅히 데이트 장소가 없던 시절 연인들은 사랑을 속삭이며 거리를 걸으며 따듯한 군밤으로 추위를 녹이고 낭만을 즐기기도 했다.

이렇듯 밤나무와 은행나무는 사람의 손이 가지 않아도 폭풍과 긴 장마에도 끄떡없이 버티다 때가 되면 혼신의 힘을 내어 풍성한 열매를 맺어 우리에게 혜택을 준다.

산에서 알밤이 다 떨어질 즈음 밭에서도 작물을 거둔다. 내 힘으로는 무거워 들을 수 없는 노랗고 큰 늙은호박, 속이 꽉 찬 배추, 미끈하고 허연 굵은 무. 고구마 캐기도 시작된다. 줄기를 걷어 낸 후에 호미로 흙을 살살 긁어내면 굵고도 붉은 고구마가 땅 속에서 몸을 드러낸다.

하나하나 캐낸 붉은 고구마가 어찌 이리 신기할까. 두둑은 순식간에 평평한 땅으로 변한다. 흙은 생명을 잉태하고 열매를 맺게 하니 새삼 신비롭고 고맙다. 그것은 정성들여 여름 동안 가꾼 것이기에 거두는 즐거움이 더 했다. 도시에서 자라 돈 주고 사먹을 줄만 알았는데 이토록 풍성한 수확을 하다니 감사하다.

요즘처럼 김치 파동으로 김치를 먹기를 주저하는 때에 내가 기른 유기농 배추가 더욱 소중하고도 자랑스럽게 여겨진다. 바라만 보아도 포만감을 주는 수확물, 그것들은 내 분신인 듯 대견하고 잘 자라 준 것이 고마워 가슴 뭉클하다.

자연은 늘 우리에게 그들 자신의 것을 나누어 주어 우리 생명을 이어가게 하는데 우리 인간은 무엇으로 자연에 보답하고 있는가. 가을걷이할 때마다 나는 늘 신비한 자연과 우리를 지켜 주는 하나님께 감사기도를 드린다.

이구아수 폭포

남미여행은 내가 다닌 외국여행의 백미白眉로 꼽을 수 있다. 쉽게 갈 수 없는 곳이라 더 애착을 느꼈다. 여유로운 시간과 강건한 체력, 경제력의 삼박자가 맞아야 가능한 여행이기 때문이다.

우리 일행은 같은 사업에 종사하는 부부모임이었다. 열여드레 동안 5개국 여행은 넓은 거리인지라 비행기로 이동하는 일이 많았다. 여러 나라 중에서 나의 관심사는 세계 3대의 폭포 중의 으뜸이라는 이구아수폭포였다.

폭포로 가던 도중에 브라질 리오에 도착했다. 영화 속에서만 보았던 정열적인 삼바 춤은 우리를 흥분시켰고, 여러 인종이 모인 해변은 비키니 수영복차림의 늘씬한 몸매가 눈길을 끌었다. 밤 해변에 길게 이어진 야시장은 휘황한 불빛과 해변을 거니는 관광객으로 흥청거렸다. 밤늦게 잠자리에 들었지만, 숙면을 취하고 나니 피로가 풀렸다. 새벽에 일어나 호텔에서 바쁘게 공항으로 이동했다. 서울을 떠나온 지 1주일, 여섯 차례나 비행기를 갈아탔다. 이제 공항은 친근한 장소로 바뀌었고 기내식도 날이 갈수록 익숙해져 음식 맛도 즐길 수 있게 되었으며 자리도 그런대로 편안했다.

드디어 이구아수에 도착하니 마음이 설렜다. 브라질과 파라과이 국경에 인접한 파라나 강에 지어진 이따이프(Itaipu) 수력발전소는 댐이라고 하지만 넓고 커서 강처럼 보였다. 그리하여 버스로 이동하면서 구경했다. 이따이프 발전소는 세계 최대 발전을 자랑하듯 어마어마한 물이 쏟아지는 모습이 마치 이구아수 폭포가 아닌가 착각할 정도로 장관이었다. 1975년에 착공하여 1984년에 송전을 시작했다. 발전소의 전기는 전 브라질에서 사용하고도 남아 파라과이에까지 보낸단다. 이 발전소를 만들려고 사용된 외채는 아직도 남아 있다고 한다. 발전소 부근에는 푸른 나무와 울창한 숲, 그리고 붉은 흙은 다른 곳에서 볼 수 없는 사뭇 다른 경관이라 눈길을 끌었다.

우리 일행은 시골 한적한 호텔에 여장을 풀었다. 밤새 내리던 비는 아침까지 계속 내려 여행객의 마음을 쓸쓸하게 했다. 다행히 억수같이 오던 비는 차츰 가늘어져 우리 일행은 우비를 입고 예정대로 폭포를 향했다. 30여 분 만에 이구아수에 도착하였다. 잘 다듬어진 길 옆에는 이름 모를 꽃과 아름다운 나무들이 우리를 반겨 준다.

자욱한 안개 속을 거대한 붉은 물줄기가 앞을 가로막았다. 떨어지는 물소리는 온갖 세상의 소리를 삼켜 버릴 듯 우렁차다. 다갈색의 엄청난 폭포수는 시작과 끝이 보이지 않았다. 폭포의 너비가 무려 5km요, 폭포의 낙차도 100m나 된다니 어디서 흘러와서 어디로 떨어지는지 가늠할 수 없다. 하늘에서 떨어지는 물줄기는 세계 제일을 자랑할 만큼 웅장하고 경이로워서 우두망찰했다. 엄청난 물의 양과 끊임없이 떨어지는 낙차의 모습은 감동을 넘어 공포심마저 안겨 주었다. 폭포의 장관과 굉음은 보는 이의 영혼을 무아지경으로 몰아넣기도 한다.

물안개가 고운 무지개를 만들었다. 물이 떨어지며 내지르는 비명에 세상의 모든 소리가 다 묻히고 말았다. 이구아수 폭포를 보는 내내 여행을 참 잘 왔구나 하는 마음이었다. 가슴 벅찬 흥분을 주체하지 하지 못하고 한자리에 우두커니 서 있다가 부르는 소리에 퍼뜩 깨어나 일행 쪽으로 뛰어가는 일이 여러 번이었다. 왜 남미여행의 정점頂點이 이구아수 폭포인지 수긍이 가는 순간이었다.

오후에는 하늘이 보이지 않는 열대 숲을 헤치고 지프로 이동한 후 궤도 열차를 타고 달렸다. 시원한 열대 숲 속에서는 사파리 영화 속의 주인공 타잔처럼 넝쿨을 타고 이리저리 나무 위에서 뛰고 매달리며 열매를 따는 꿈을 꾸었다.

이구아수 폭포가 떨어지는 강가 선착장에서 입고 간 옷을 벗고 준비해 간 옷으로 갈아입었다. 그 위에 구명조끼를 걸치고 쾌속정에 올랐다. 배는 열 명씩 태우고 빠른 물살을 헤치며 폭포 앞으로 돌진했다.

어느새 우리는 물과 함께 떨어진 낙엽처럼 안개 속을 헤매고 있었다. 가까이 갈수록 물살은 거세지고 거대한 폭포에서 쏟아져 내리는 물살이 튀어오르는 물보라에 온 몸이 젖어 물에 빠진 생쥐 꼴이 되었다. 젖거나 말거나 일행은 짜릿한 전율과 아찔한 쾌감으로 환호하였고 배는 더욱 빠르게 달렸다. 얼굴에서 뚝뚝 떨어지는 물을 연방 손으로 닦으며 기쁨에 넘쳐 맘껏 소리 질렀다. 모두 다 한마음이 되어 "오~ 대한민국~ 짝짝" 리듬에 맞추어 손뼉을 쳐댔다. 우리 모습을 보고 선착장에서 기다리던 다른 나라 관광객도 따라서 손뼉을 쳤다. 그들은 연신 엄지손가락을 치켜세우며 얼굴 가득 미소를 지었다. 월드컵으로 우리나라가 세계에 알려져 기뻤던 순간이다. 먼 나라 브라질에서도 월드컵을 개최한 대한민국을 알고 호감을 표하는 걸 보니 내가 대한민국 국민이라는 긍지로 가슴이 뿌듯했다.

저녁에는 브라질 거리구경에 나섰다. 유명한 브라질 커피 맛을 보고자 쇼핑몰에 들어갔다. 예상과는 다르게 커피의 맛은 쓰기만 해 실망했다. 커피 잔도 소주잔만한 에스프레소 잔이다. 이곳 사람들은 쓴 원두커피를 적은 양으로만 마시는데, 아마도 유럽의 식민지였던 탓에 에스프레소만 즐기나 보다. 안내자는 우리 입맛에 맞을 것이라며 일본사람이 만든 커피를 권했다. 나는 여행 선물로 커피와 건강식품을 샀다. 다른 사람들도 이것저것 고르느라 야단법석이다.

다음날은 날씨가 쾌청했다. 버스를 타고 아르헨티나 국경에 이르니 작은 건물 안에서 몇 사람이 여권을 검열하고 있었다. 그래서 우린 오랜 시간 줄을 서서 기다려야 했다. 이곳처럼 오랜 시간 줄을 서서 기다려도 못 가는 북한을 생각하자니 마음이 착잡하다.

아르헨티나에서 보는 이구아수 폭포는 악마의 숨통이라 불리듯, 폭포 하나하나가 입을 벌리고 소용돌이치는 모습이 보는 사람들을 빨아들일 것처럼 무시무시했다. 물 속을 들여다보노라면 뛰어 들어가고 싶은 충동이 인다. 참으로 신비하다. 무엇이 내 혼을 빨아들이는 것인가 의심도 생겼다. 난간이 없다면 폭포에 몸을 내맡기는 사람이 부지기수일지도 모를 일이다. 이 신비로운 폭포를 보려고 각국의 관광객들이 몰려들어 인간 박람회를 이룬다. 하얀 얼굴, 검은 얼굴, 누런 얼굴, 젊은 사람, 늙은 사람, 어린아이들, 남자와 여자 다양했다. 발 아래 소용돌이치는 폭포수를 보면서 작열하는 태양 아래 한 인간의 존재가 어쩌면 한 잎 낙엽처럼 미미해 보였다. 거대하고 섬세한 조물주의 작품에 마음이 숙연해진다. 수십만 년을 두고 묵묵히 쏟아지는 폭포, 어떤 것도 감싸안을 폭포 앞에 경건해진다. 거대한 자연 앞에서 인간은 겸허한 마음이 된다.

저녁식사는 고기 뷔페였다. 이곳은 팜파스(Pampas : 대초원)에서 소를 방목하며 길러 육질이 좋고 맛도 좋다. 소 한 마리 값이 우리 돈으로 20만 원이라고 하여 믿기지 않았다. 쇠고기 부위별로 쇠막대에 꿰어 덩어리째 구워 주는 슈라스코(Churrasco), 검은콩에 돼지고기와 소시지, 훈제고기를 넣어서 푹 끓여서 만드는 페이조아다(Feijoada) 등 메뉴가 다양했다. 마음껏 먹고 나니 포만감으로 나른한 행복에 젖는다.

수술한 지 3개월밖에 안 되어 망설이다 떠난 여행이었다. 만약 일상에 안주하였다면 이처럼 더 넓고 아름답고 찬란한 세계가 있다는 것을 결코 알지 못하였을 것이다. 용기를 낸 것은 정말 잘한 일이다.

(2002년 10월 여행)

감동 바이러스

신년음악회는 감동적이었다. 비올라, 첼로, 북 등의 수많은 악기가 어우러져 거대한 장막 안에서 관객과 호흡하며 노래하는 성악가들 사이에 나는 어느덧 주인공이 되어 무대에 서 있었다. 흐느끼는 폭풍 속 비련의 여인이 되었다가, 또는 잔잔한 호숫가를 거니는 소녀가 되었던 시간이었다. 그렇듯 며느리가 새해 선물로 준 음악회는 나를 감동의 도가니에 빠져들게 했다.

한주 내내 음악회에서 받은 감동을 되새기고 있던 어느 날, "새해 건강하고 복 많이 받으세요. 진작 새해 인사를 해야 했는데 보청기가 고장 나서 이제야 전화했어요." 교회에서 알던 할머니로부터 전화 인사를 받았다. 새해 인사라면 나이가 적은 내가 먼저 해야 했을 것을, 나이 많은 어른으로부터 죄송하다는 말을 듣고 보니 몹시 송구스러웠다.

그 할머니는 안산에 있는 자그마한 연립에 홀로 산다. 3남매인 자식들 결혼할 때마다 집을 줄이다 보니 결국은 그렇게 되었다고 한다. 그래도 교회는 먼 거리인 강남까지 꼬박꼬박 나온다. 그러니 주일 8시 예배에 참석하려면 이른 새벽에 집을 나서야 한다. 사는 연립주택은 재개발 예정이라 복도에 전등도 켜 있지 않아서 손전등을 비추면서 계단을 내려온다고 한다. 교회에 일찍 나온 할머니는 그 즈음에 나오는 다른 할머니들의 좌석을 미리 잡아놓고 기다린다. 그뿐만이 아니다. 몸이 불편한 분의 무거운 성경가방을 들어 주는가 하면 점심 식판을 갖다주는 일도 할머니의 몫이다. 늘 활기 있고 명랑하여 소리를 듣지 못한다는 것은 그 누구도 눈치 채지 못한다. 남을 배려하고 돕는 일을 즐기니 말이다.

그 할머니는 젊은 시절에 남편을 여의고 자녀 셋을 기르는 동안 중이염으로 고생했다. 결국, 두 귀의 고막을 잃어버리게 되어 그 분이 들을 수 있는 소리의 통로는 오로지 보청기뿐이었다. 이제 그 보청기도 수명이 다하여 더는 A/S도 못 받게 되었으니 경제적으로 어려운 그 분으로서는 새로 보청기를 사기가 쉽지 않을 터인데, 자꾸 맘에 걸린다. 보청기가 없으면 자동차 경적소리도 못 들을 터인데 사고라도 당하면 어쩌나, 겁이 더럭 났다. 소리를 못 듣는 답답함은 얼마나 클까. 얼마나 불편할까. 걱정이 이만저만이 아니다.

"자녀가 이런 일을 알아요?" 나도 모르게 불쑥 튀어나온 말이다.

큰아들은 책상 하나만 들고 남의 사무실로 갔고, 작은아들에게 넌지시 귀띔했지만 아무런 반응이 없다고 했다. 아마도 무심히 들어 넘겼거나 형편이 좋지 않은 것 같다는 것이었다. 나는 할머니에게 소리를 선물로 주고 싶었다.

며칠 후, 할머니한테서 전화가 또 왔다. "참 이상한 일이 생겼어요. 순장님*한테 만은 이 말을 해야겠어요." 잔뜩 들떠 있는 목소리다. 주일날 예배가 끝나고 목사님이 봉투를 내밀기에 얼떨결에 받아 들었는데, 봉투는 위아래가 단단히 봉해져 있었고 옆에 아는 얼굴들이 있어서 그냥 받아서 성경가방에 넣고 나왔지만 도무지 궁금해서 견딜 수 없었다고 했다. 궁금증을 참을 수 없어 만지고 만지던 봉투를 기어코 길에서 뜯어보았는데 '보청기 사는 데 도움이 되었으면 좋겠어요' 라고 쓰인 편지와 수표가 들어 있더라는 것이었다.

"순간, 그저 길에서 부끄러운 줄도 모르고 소리내어 막 울었어요." 그 분의 감동이 내 가슴을 미어지게 했다. "그런데 목사님이 어떻게 아셨을까요?" 도무지 모를 일이라며 의아해했다. 그럴수록 나의 마음은 기쁨으로 벅차올랐다. 눈치 채지 못하게 전해 준 목사님이 감사했고 그가 모르는 것이 안심되었다. 예기치 못한 뿌듯함이 저 깊은 곳에서 올라왔다.

그 분은 밤새도록 곰곰이 생각했지만, 자신이 도움을 받아서는 안 될 것 같았다고 했다. 나이가 팔십인데 이제 살면 몇 년이나 더 살겠는가. 한 달 생활비라야 30만 원이면 될 것을, 비록 연립일지언정 아직 집이 있으니 사는 날까지 쓸 수 있지 않겠는가. 이런 생각이 들자 그는 그 돈으로 보청기를 사지 않았다. 다음날 자기보다 더 형편이 어려운 사람에게 써 달라고 봉투를 다시 목사님께 돌려주었다는 것이다. 그리고 이 사실을 알게 된 그의 며느리도 잘 돌려주었다며 흔쾌히 보청기를 해주겠다고 했다는 것이었다. 그 말을 듣는 순간 내게 또 다른, 더 큰 감동이 밀려 왔다.

신년음악회에서 들었던 음악이 쿵쾅쿵쾅 울리고 있다. 내 가슴 속 기쁨과 감동도 덩달아 울리고 있다. 그리고 감동이 확산하고 있다. 마치 바이러스처럼. 며느리에게서 내게로, 내게서 할머니에게로, 그 할머니의 며느리에게로, 그리고 다시 내게로. 이렇게 사랑이 있는 곳에 감동이 밀려온다.

*순장 : 소그룹의 성경 인도자

땅콩 예찬

친구가 불쑥 땅콩을 내밀었다. 먹으라고 주는 게 아니고 한번 심어 보라고 한다. 밭농사를 즐겨 하니 땅콩 씨앗을 구해 온 것이었다. 시골의 시댁에서 가져왔다는 땅콩은 씨앗으로 쓰려고 남긴 것이라 그런지 씨알이 굵고 튼실했다. 먹음직스러웠다.

나는 땅콩을 먹어만 봤지 심기는커녕 땅콩 줄기나 잎이 어떻게 생겼는지 본 적도 없다. 씨앗을 준 친구도 마찬가지였다. 씨앗을 받아들고 망설이다가 친구의 성의가 고마워 심기로 작심했다. 그런데 농사를 지어 보고 싶은 욕심은 나는데 아는 게 아무것도 없으니 난감하기 짝이 없다. 인터넷으로 자료를 찾고 알 만한 사람들에게 물어 보았다. 그렇게 해서 겨우 심는 방법을 알게 되었지만 이미 심을 시기를 놓친 뒤였다.

농작물은 다 심는 때가 따로 있다. 그 시기를 놓치면 그해의 농사는 허사다. 모처럼 온 기회인데 그냥 단념하기에는 허망했다. 내가 텃밭 가꾸기 경력이 얼마인데…. 부랴부랴 거름을 듬뿍 주고 삽으로 깊숙이 땅을 파고 고랑을 만들고, 비닐 덮기를 하여 간격을 맞추어 구멍을 내었다. 한두 알씩 정성껏 땅 속에 묻고 흙을 덮었다. 그렇게 땅콩 농사를 시작했다.

나는 매일 땅콩 밭을 돌아보았다. 시기가 늦었으니 마음이 더 바빴다. 이제나저제나 싹이 나오기만 초초히 기다리던 어느 날, 예사롭지 않은 새싹 하나를 발견했다. 드디어 허리를 꼬부린 싹이 고개를 내민 것이었다. 하얀 몸이 토실토실하고 튼튼했다. 한 톨의 씨앗이 이렇듯 신비롭고 경이로울 수가 있을까. 때를 놓쳤지만 뒤처지지 않고 자기 존재를 알리고 있었다.

그런데 하루아침에 한 고랑의 싹이 몽땅 없어졌다. 아무리 생각해도 알 수 없는 일이었다. 이상했다. 도둑맞은 게 분명한데 누구 짓인지 알 수 없는 일이었다. 이른 새벽에 밭에 갔을 때 현장을 목격하게 되었다. 봄철이면 뒷산에서 '꿩꿩' 울어대며 갑자기 푸드덕 날아 나를 놀라게 하던, 장끼란 놈이 텃밭까지 내려와 땅콩 싹을 몽땅 먹다니…. 기가 찰 노릇이다. 주인 몰래 도둑질한 땅콩이 그리도 맛있는지 내가 조금만 늦었더라면 다 먹었을 것이다. 어찌 장끼뿐이랴. 비둘기도 사이좋게 그 옆에 앉아서 쪼아 먹고 있었다. 사람에게 맛있는 것은 저들에게도 맛있는가 보다. 나는 모든 일을 제치고 새벽마다 밭에 나가 지켰다.

며칠이 지나자 고개 숙인 싹에서 잎이 나왔다. 그 잎은 어느 다른 작물과 모양이 전혀 달랐다. 동그란 게 앙증스럽고 예쁜 것이 갓 피어나는 소녀의 얼굴이다. 위 줄기 마디에서 올라오는 가지도 단정하다. 쑥쑥 자라 키가 내 무릎까지 커갔다. 얼마 후 올라온 원줄기 밑 부분이 갈라지면서 그 사이로 노르스름한 꽃이 고개를 내미는 게 아닌가. 동그란 잎 겨드랑에 붙어 있는 것이 마치 어미 품에 안긴 것 같다. 앙증스러운 것이 작고 얌전하다. 집안에 들여 놓고 바라보면 좋을 화초 같은 식물이다. 비바람에 부대끼고 잡풀이 제자리를 침범해도 제 맡은 일을 다 하듯 키가 쑥쑥 자랐다. 제 맡은 몫을 다하는 모습이 사랑스러웠다. 그것은 식물이나 사람도 매한가지다.

어느 날, 땅속으로 스며들 듯 몸을 오므리던 꽃이 활짝 피었다. 아주 작아서 보일 듯 말 듯한 것이 매력적이다. 자그마한 노란 꽃이 무엇이 그리 부끄러운지 자꾸 땅 속으로 기어들어간다. 그 모습이 사랑스럽고도 애처롭다. 모든 것들은 저마다 하늘 높은 줄 모르고 자기 주장을 하는 마당에 유독 땅콩 꽃은 몸을 낮추려는 모습이 대견해 보였다. 있는 듯 없는 듯 조용히 자기 소임을 다하여 때를 기다리는 모습에 숙연해지기까지 하다.

여름이 막 지난 추석이 다가올 무렵이었다. "이제 땅콩을 캐셔야죠?" 옆 밭의 아주머니가 알려 준다. 땅콩줄기를 잡아 힘껏 당겼다. 어이없게도 내 몸이 벌렁 뒤로 나동그라졌다. 고구마 줄기를 잡아당기던 것처럼 힘을 주었으니…. 큰 키가 무색하다. 줄기를 움켜진 손에 무게가 느껴진다. 놀랍게도 뽑혀 나온 잔뿌리마다 조롱조롱 땅콩이 붙어 있다. 긴 타원형으로 두껍고 단단한 황백색 꼬투리가 헤아릴 수 없이 많이 달려 있다. 시기가 늦은데다 저들이 좋아하는 사토질이 아니었는데도 그리도 많은 결실을 보았으니 신통하다. 조롱조롱 뿌리에 붙어 나오는 땅콩이 신기하여 누군가에게 보여 주고 자랑하고 싶었다. 아마 두어 말은 넉넉하리라. 알맹이가 작은 것이 좀 흠이라면 흠이지만 예상 밖의 수확이니 다행이다.

단단한 깍지 속에서 붉은 알맹이가 데구루루 나온다. 오랫동안 어둠 속에 있던 것들이 세상 밖으로 나온 것이다. 감추어 두었던 저들이 일시에 밝은 세상으로 나와 기지개를 켠다. 그리고 제 모습을 자랑한다. 탄생은 환희이고 보람이다. 단단한 껍질을 벗긴 후 나타난 얼굴은 무에 그리 부끄러운지 얇고 부드러운 붉은 속옷을 걸쳤다. 그 붉은 빛깔의 얇디얇은 껍질을 벗기면 속살은 아주 뽀얗다.

입에 넣으면 고소한 맛이 무엇과 비교할 수 없는지라 어른이나 아이 누구 할 것 없이 모두 좋아한다. 뜨겁게 달군 팬에 볶으면 그 고소한 맛이 입 안에 사르르 돈다. 술꾼들에게 안줏감으로는 땅콩이 제일이다. 무엇보다 땅콩의 고소한 맛이 맥주의 씁쌀한 맛과 잘 어울리고 영양성분이 많다. 오징어와 땅콩은 궁합이 잘 맞는다. 물론 아이들이 좋아하는 과자나 빵에도 들어간다. 깍지째로 쪄서 먹으면 많은 양을 먹을 수 있다. 반찬으로 식탁에 올려도 좋다.

누구에게나 맛있는 땅콩은 단백질과 지방이 많은 식품이라 귀하게 대접받는다. 땅콩은 고혈압의 원인이 되는 콜레스테롤을 없애주고 혈액을 맑게 한다. 그뿐이랴 많이 먹으면 나이보다 젊어진단다.

늦게 심었는데도 풍성하게 수확을 하고 보니 고맙다. 한 알을 심어 열 배 스무 배를 수확하니 감사한 일이 아닌가! 그러니 수확한 땅콩을 어찌 혼자 먹을 수 있으랴. 땅콩을 내 마음을 전하듯 이웃 친구에게 나누어 주었다. 이렇듯 이 가을에 집념의 결실인 땅콩이 나에게 더할 수 없는 기쁨을 선물한다. 나도 땅콩처럼 남에게 기쁨을 주고 이로움을 주면 얼마나 좋을까.

시어머니의 자존심

“그만둬라. 너 없이도 잘 살았다.”

서슬이 퍼런 시어머니의 역정에 숨이 막혔다. 잠을 깨고서도 한참이나 가슴을 쓸어내렸다. 벌써 삼사십 년 전 일인 데도 아직도 나는 꿈을 꾼다.

나는 초등학교 교사였다. 초등교사는 지금도 결혼 1순위다. 여자 직업 중 으뜸으로 친다. 우스갯소리로 ‘연상이어도, 초혼이 아니어도, 아이가 있어도 좋다’고 할 정도다. 더구나 1960년대에야 직업을 가진 대부분의 여성이 결혼과 동시에 직장을 접어야 했던 시절이었고, 결혼해서도 직장생활을 계속할 수 있었던 공립학교 교사는 최고 인기 직업이었다. 그러나 그 때문에 교사가 된 것은 아니다. 어릴 적 피난 시절부터 품었던 꿈이었고 그 꿈을 이룬 직업이라 긍지를 갖고 있었다. 교감, 교장까지도 해보고 싶었다. ‘힘들면 관두게 될걸?’ 동료 교사들이 비아냥거렸지만 나는 정년까지 하겠다고 큰소리쳤다. 천직으로 여겼고, 또 그만큼 자신 있었기 때문이었다.

그런데 문제는 엉뚱한 곳에서 생겨났다. 시어머니가 반대하고 나선 것이었다. 날마다 그만둘 것을 종용했다. 가정과 바깥생활을 힘들게 병행하는 딸을 애처로워하던 친정어머니까지 동조했다. 여자는 남편의 그늘에 사는 게 상팔자라는 것이었다. 집안에서 곱게 살 수만 있다면 얼마나 좋은 일이냐고…. 그러나 내 생각은 친정어머니와 달랐다. 천직으로 여겼던 교직을 결혼했다는 이유만으로 중도에 포기할 수는 없었다.

나는 결혼을 두 사람의 사랑의 결실로만 알았다. 실제 생활에 대한 구체적인 계획이나 생각도 없이 시작했다. 주위 사람들이 '홀시어머니를 모시고 사는 시집살이'에 대해서 우려했지만 내게는 하등의 문제가 되지 않았다. 어머니보다 할머니를 더 좋아했던 나는 오히려 내 할머니 연배의 시어머니에 대해 막연한 친근감마저 느꼈었다. 항상 자애로웠던 할머니의 모습을 간직하고 있었기에….

그러나 시어머니는 '며느리는 시어머니의 몸종이 되어야 한다'라고 생각하는 분이었다. '며느리도 자식이다'라는 말이 무색했다. 시어머니는 늘 당당했고 그 분이 하는 일은 절대적이었다. 여태까지 배우고 익혔던 것은 시어머니 앞에서는 빛을 잃었다. 며느리인 나는 기죽고 주눅이 들 수밖에 없어 하루하루가 힘들었다. 그래도 '여자는 시집가면 죽어서나 그 집 문지방을 넘어올 수 있다' 는 말을 되새기며 눈물을 삼켰다. 친정부모의 기대를 무너뜨리는 딸이 되지 않으려고 안간힘을 썼다. 집안일을 완벽하게 하려고 무지 애를 썼지만 소용없었다.

당신의 아들이 이 세상에서 가장 잘난 줄 아는 시어머니는 아들과 함께 어깨를 나란히 하고 출근하는 며느리가 못마땅했다. 집안일을 식모에게 맡기는 것도, 아들이 며느리에게 곰살갑게 구는 것도 눈에 거슬려 하며 분통을 터뜨렸다. 말끝마다 '몇 푼이나 번다고' 를 덧붙인다. 그 말은 내게 커다란 상처가 되었다. 나는 몸 고된 시집살이보다 내가 가치 있다고 생각했던 직업이 하찮게 취급당하는 게 더 힘들었다. 피차 불만으로 가득한 고부간은 그래서 점점 멀어져 갔다.

학교는 나의 도피처가 되었다. 교정에 들어서기만 하면 어둡고 무섭던 곳에서 벗어났다는 해방감이 들었다. 아이들이 떠드는 소리조차 새소리처럼 들렸다. 공을 차거나 줄넘기를 하는 아이들에게서 생기를 얻었다. 뛰어와 꾸벅 인사하는 아이들이 그렇게 예쁠 수가 없었다. 머리를 쓰다듬어 주면 수줍게 웃는 미소가 고왔다. 초롱초롱한 눈, 천진한 모습의 아이들과 함께하는 생활은 기쁨의 원천이었다. 학교가 좋은 나는 도살장 같은 집이 싫었다. 할 수만 있으면 집에 들어가고 싶지 않았다. 남편의 퇴근시간까지 기다려서 함께 들어가곤 했다.

그렇게 십 년쯤 지났을까, 또 다른 갈등이 생겼다. 서슬이 퍼렇던 시어머니가 이번엔 시름시름 앓게 된 것이었다. 어느 날, 기척이 없어서 들여다본 시어머니는 몸이 많이 쇠약해 있었다. 이마를 짚어보니 열은 없어서 안심되었으나, 힘없는 눈동자와 앙상한 몸을 보자 안쓰러운 생각이 들었다. 당당하고 무섭던 시어머니는 어느덧 한없이 작은 존재가 되어 있었다. 마땅히 자식에게 보살핌을 받아야 하고 이제 여생을 편히 보내야 하거늘, 보살펴 주는 사람도 없이 온종일 홀로 누워 있을 생각을 하니 측은했다.

부모를 잘 보살펴야 하는 의무를 등한시하는 것은 며느리의 도리가 아니잖은가. 밤낮으로 돌보아야 할 텐데 그러려면 다니던 직장을 그만둘 수밖에 없었다. 출산의 어려움도 지났고, 중견교사로 인정받고 있던 참이었다. 상사들이 붙잡기도 했지만, 무엇보다도 꿈을 포기하고 정든 직장을 떠나기 쉽지 않았다. 들어앉으라고 호통을 치던 때에도 버텼던 꿈을, 나는 그 시어머니를 위해서 자진해서 접은 것이었다.

시어머니와 십여 년이 넘게 벌이던 승강이는 그렇게 끝났다. 허전한 마음이야 이루 말할 수 없었지만, 그 덕분에 시어머니는 하루가 다르게 생기를 되찾았다. 그동안 며느리의 손길이 그리웠던 모양이었다. 가로막혔던 마음의 벽이 무너지고 서로 밀리지 않으려고 버티던 어쭙잖은 자존심까지 내려놓게 되었다. 그리고 한참 지난 후에는 며느리에게 용서를 구하기까지 했었다. 알량한 자존심 때문이었다고….

나도 이제 며느리를 본 시어머니가 되었고 그때의 내 시어머니보다 나이가 많다. 살아온 날들을 되짚어 보니 그럴 수도 있겠다는 생각이 든다. 밥벌이는 남자가 해야 한다는 가부장적 의식이 절대적인 시어머니로서는 며느리가 돈을 벌려고 직장에 나가는 일이 용납되지 않았다. 잘난 내 아들이 왕 같은 대우를 받지 못할 것이라 여겼을 것이다. 얼마나 체면이 손상되고 자존심이 상했을까. 그때는 받아들이기 어려웠던 일들도 이젠 이해가 된다.

그런데 꿈은 왜 자꾸 꾸는 걸까. 벌써 30여 년이 흘렀는데도 바로 어제 일처럼 생생하게 드러나니…. 교직에 대한 미련 때문인가, 아니면 아직도 상처가 남은 까닭일까. 그도 저도 아니면, 시어머니로서 자존심을 지키려는 무의식의 표출일까.

승리로 이끈 믿음

섬광같이 스치는 예감은 믿음이었다. 내 생애에 획기적인 한 획을 긋는 믿음은 바라는 것의 최상이었다. 아니 승리였다.

"인간승리입니다. 이제 나를 찾아올 필요가 없습니다." 집도했던 의사가 모니터 4개에서 눈을 떼지 않고 하는 말이다. "난 이럴 때 가장 보람을 느낍니다." 자못 흥분된 어조다 "창자를 붙여서 만든 것인데 모양도 좋고, 오줌이 잘 나오지요?" 나는 내 몸이지만 어떻게 수술을 했는지 알지 못했다. 더구나 콩팥에 붙은 요관尿管이 어떻게 생겼는지, 상태가 어떤지 알 리 없다. 나는 그저 의술의 발달에 놀랄 뿐이었다.

병원을 나서는 나는 아주 기뻐 아무라도 붙들고 소리치고 싶었다.

"병원아, 잘 있어라." 춤을 추듯 언덕을 뛰어서 큰길로 나왔다. 십여 년을 울고 웃으며, 절망과 감사를 안고 다닌 병원이었다. 비가 오는 날이나 눈보라가 치는 한밤중에 병원의 응급실을 찾거나 방광

경실 수술대에 눕는 일이 매듭지어진 것이다.

한 쪽뿐인 신장조차 온전치 못하여 수시로 위험한 고비에 부딪힐 때마다 찾는 곳이 응급실이다. 여기저기서 들려오는 환자들의 신음, 보호자의 통곡소리에 나는 귀를 막고 싶었다. 부산한 움직임의 의사와 간호사들, 생명의 긴박감과 공포를 느끼는 광경에 이내 눈을 감아 버린다. 응급실을 다니는 것만 면할 수 있다면 가진 것을 다 내어줄 수 있겠건만…. 응급실에서 한밤을 꼬박 새우고 간 수술실은 싸늘한 냉기로 이가 딱딱 부딪히는 소리뿐 적막이 흐른다. 이어 수술집기들이 부딪는 차가운 금속성 음이 내 몸을 옥죈다. 을씨년스런 수술침대에서 고통과 두려움에 떠는 일만 상쇄된다면 어떤 대가도 치르리라. 나의 간절한 마음을 의사도 알아차렸을까 처치를 끝내자, "입원하여 검사합시다." 수술을 암시한 메시지였다. 뜻밖에 반가운 말로 내 귀를 의심했다. 수술은 시각장애인이 눈을 떠 광명을 찾듯 내 몸에 이물질을 삽입하지 않고 배설할 수 있다는 뜻이다.

기쁨을 안고 입원했다. 그러나 한 달여 동안 고통을 참고 견딘 수많은 검사결과는 아무런 처방이 없다는 것뿐, 결국 수술을 포기할 수밖에 없었다. 퇴원을 결정한 담당의사는 아무 말도 없이 그냥 외과, 종양내과, 신장내과 의사에게 보내었다. 그는 너무 민망하여 무슨 말을 꺼낼 수 없었던 듯싶었다. 외래의사들은 한결같이 생명을 잃을 수 있으니 수술을 단념하라고 했다. 담당의사도 성공할 수 없는 수술은 무모하고 그에 따르는 책임을 피하려 했다.

그럴수록 내 의지는 더 강해졌다. 수술만 하면 꼭 성공할 것이라는 믿음에 사로잡혀 있었다. 그리하여 수술해 줄 것을 간청했다. 그러나 도무지 길이 열리지 않았다. 암울한 나날이었다. 희망이 절망으로 바뀐 나는 지칠 대로 지쳤다. 이제는 이 세상에 남는 것조차 구차스러웠다.

인체는 신비하다. 사람뿐 아니라 살아 있는 것들은 들어가면 나오게 마련인 듯 입에 들어가는 모든 음식물은 배설하지 못하면 한 모금의 물도 넘길 수 없다. 토악질과 칼로 베는 듯한 복부의 아픔은 배를 틀어안고 방 안을 헤맸다. 이리하여 응급실을 찾는 순간마다 아슬아슬한 외줄타기였다.

날이 갈수록 응급실을 찾는 횟수는 늘어 갔다. 그런 고통스러운 모습을 더는 지켜보기 어려웠던지 어느 날 의사는 다시 재입원을 시키곤 여러 날을 눈길조차 주지 않았다. 꽤 갈피를 잡지 못한 듯 보였다. 얼마 후 그는 예기치 않은 실패와 염려를 낱낱이 알려 주었다. 개복을 해도 여의치 않으면 다시 봉합하겠다는 것도, 방사선 투시된 자리는 상처가 아물지 않아 더 큰 일이 생길지 모른다고….

환자 스스로 수술을 접기를 바랐나 보다. 의사들이 반대하는 수술을 환자 혼자만이 성공할 거라고 확신하고 있었지만, 그것은 생명을 거는 일이었다. 남편도 불안을 떨칠 수 없는지 그만 고집을 꺾으라며 설득하려 애썼다. 그렇지만, 어떻게 찾아온 기회인가 수많은 날을 내가 믿는 하나님에게 기도하며 의사에게 간곡한 마음을 전하고 기다렸는데 어찌 포기할 수 있으랴….

창밖에는 비바람이 몰아치고 있다. 폭풍우에도 굳건히 버티고 서 있는 가로수가 믿음직스럽다. 수술실로 실려 가면서, 꼭 건강을 되찾을 거라는 기대에 찼고 성공할 수 있다고 확신했다.

믿음은 내 안에서 보지 못하는 실체를 마음으로 믿는 상황이다. 사랑이 머리로 오지 않듯 믿음 또한 마음으로 꽂히는 확신이다. 예감처럼 막연히 믿어지는 확신. 환경과 경험을 미루어 신뢰하고 우리 삶에 확신을 주는 믿음은 사람에 따라 크나큰 영향을 준다. 어떤 믿음으로 사는가에 따라 가치관이나 사상이념이 달라진다. 또한, 불안해하는 사람들과 다르게 기대와 희망, 평안을 안겨 주어 어떤 수난도 이길 힘을 가진다.

나 스스로 생각해도 수술을 결정한 것이 내 생애에 가장 잘 한 일이다. 또한, 환자의 고통을 자신의 것처럼 느끼는 의사를 만난 것 자체가 행운이었다. 그동안 오줌주머니를 차고 몇 번의 미국병원행을 하였던가. 가족에게 얼마나 많은 짐을 지웠던가.

믿음으로 간절히 소원하던 것을 이루었다. 이제 응급실을 드나들지 않아도 되었으니 행복한 삶이다. 소중한 것을 얻고 새로운 삶이 시작된 것이다. 나의 마음에 믿음을 심어 준 이는 누구였을까.

그는 바로 하나님, 내 기도의 주인이시다. 아, 하나님이시여. 나의 신이시여, 감사합니다라고 기도한다. 기도하는 삶 속에서 행복을 만끽한다.

Amazing(어매이징)!

"Amazing!"

몇 년 전 권사님의 회갑을 맞아 축하연 주례 때 내 마음에 강렬하게 떠오른 단어였다. 예나 지금이나 어디서든 강태홍 권사님을 보면 당연한 듯 튀어나오는 단어다.

권사님이 힘든 투병 중일 때 처음 만났던 그때의 인상을 나는 지금도 기억할 수 있다. 퉁퉁 부은 다리를 붙들고 함께 찬송하며 그 고통을 감사함으로 감당해 나갈 때 호스피스를 감당하는 목사로서 경외심마저 느낄 정도였다.

당시에 권사님을 함께 섬겼던 호스피스 봉사자들은 지금도 어렵고 힘든 환자를 만날 때마다 권사님의 투병과정을 이야기하며 투병을 위해 어떠함을 서로 나누며 같은 감동을 갖는다.

어느 날 권사님이 미국으로 치료차 가시는 문제를 이야기할 때, 잘 치료받고 돌아오길 기대하면서도 얼마나 위중한 상태였는지 잘 알기에 쉽게는 돌아오지 못할 것 같다는 우려를 했고, 어떻게 하는 것이 최선일까 심각하게 부르짖고 아파하고 매달렸던 기억이 새롭다.

이랬던 권사님은 암이라는 낙심의 자리에서 오뚝이처럼 이기고 일어나셔서 우리와 함께 소망 없고 낙심하던 암환자들을 돌아보는 자원봉사자로서의 사역을 능력 있게 감당하게 되었다.

그 당시는 호스피스란 단어조차 생소하였기에 암 환자들 생각에는 암은 걸려 보지도 않은 호스피스 목사의 권면보다 "지금도 투병 중인데요 저와 함께 최선을 다해 싸워 봅시다!" 라고 용기를 주던 권사님의 말씀 앞에 어느 누구도 "아니요" 라고 대답하던 사람은 단 한 사람도 없었던 것으로 기억한다.

모 방송국에서 자신의 투병 과정을 담담하게 간증할 때 수많은 환우가 나에게 찾아와 권사님의 손이라도 한번 잡아 보고 싶다고 요청도 많이 왔던 것으로 기억한다. 찾아오는 사람마다 예의 그 따뜻함과 긍휼로 일일이 모두에게 응대하는 권사님은 고통을 통해 자유를 선포하는 믿음으로 새롭게 소망과 평안을 위해 앞을 향해 비상하는 아름다운 천사였다.

그러다 한동안 조금 소식이 뜸하여서 약간은 섭섭하려던 때 갑자기 권사님은 시인詩人이 되어 우리 앞에 다시 돌아와 아름다운 시어詩語를 통해, 또 아름다운 사랑의 곡조가 들릴 것 같은 수필들을 통해 또다시 환자들과 봉사자들 모두에게 감동을 주기 시작했다.

오늘 나는 강태홍 권사님의 수필집에 졸필을 들어 몇 자의 글을 옮길 수 있음에 무한한 감사를 갖는다. 왜냐하면, 권사님이 그동안 동역자로서 함께 수많은 환자를 섬기면서 치료를 포기하던 환자에게 자신의 치료하던 고통을 하나도 숨기지 않고 들려줌으로 그 완고하던 환우들이 다시 투병할 용기를 얻고 새롭게 생명을 이어가고, 감사의 찬송을 부르던 것을 많이 목도했기에, 이렇게 가슴의 심장을 열어 뜨거운 사랑의 생명으로 잉태되어 솟아나올 수 있는 살아 있음에 대한 승리의 고귀한 아름다운 노래를 부를 수 있는 수필집의 능력을 기대하기에 더욱 그렇다.

하나님은 우리 강 권사님에게 협력하고 돕는 자로서 훌륭한 남편과 자녀를 주셨던 것처럼 권사님 전부가 들어 있는 수필집이 많은 고통 받는 자들, 낙심한 자들, 또한 절망의 자리에 있는 자들이 소망의 노래를 부르기 위해 우리에게 주어진 선물이라고 확신한다.

다시 한번 하나님이 주신 달란트를 통해 멋진 글, 아름다운 글 그리고 진솔한 사랑의 글이 긴 생명력을 갖고 우리 곁에 오래오래 회자되길 축원한다.

2008.10.

한국교회호스피스 회장. 한국 호스피스협회 부회장.

사랑의교회 박남규 목사